AX 시대의 IT 아웃소싱

AX ITO
IT OUTSOURCING IN THE AX ERA

불확실한 가치를 측정하고 조직의 행동을 설계하는 혁신 전략

AX 시대의 IT 아웃소싱

김영근 지음

좋은땅

서문

저는 한 회사에서 10년 이상 IT 아웃소싱 관련 업무를 수행했습니다. 저희 회사는 선도적으로 다양한 기술을 빠르게 도입하며 여러 수행사·벤더와 함께 일하고 있습니다. 하지만 제가 이 업무를 수행한 기간 자체보다 중요한 점은 그 기간 동안 시장 환경과 아웃소싱 운영 전략의 변화 폭이 매우 컸다는 사실입니다. 지금의 IT 환경은 기술 발전의 속도가 워낙 빨라 그 흐름을 따라가기조차 벅차고 쉽지 않은 것이 현실입니다. 최근 10여 년간 저희 회사의 IT 거버넌스가 서너 차례 크게 변하는 시기가 있었습니다. 내부 IT 조직 체계와 그룹사 거버넌스뿐 아니라 외부 수행사 및 글로벌 벤더와의 협업 방식과 운영 정책도 크게 달라졌습니다. 어느 시기에는 회사 내부 IT 조직에 최소한의 관리 기능만 남기고 모든 IT 기능을 외주화하려고 한 적도 있었습니다. 그 과정에서 IT 기능 전체를 IT 전문 그룹사로 이관하기도 했습니다. 또한 내부에 있던 인프라 및 클라우드 기능을 신설 법인으로 분사했습니다. 한때는 내부의 IT 조직에 소프트웨어 개발 인력을 확보해 직접 개발을 하고, 상용 솔루션을 직접 만들기도 했습니다. 현재는 글로벌 빅테크의 클라우드와 개발 도구, AI 서비스, SaaS 등 상용 서비스를 적극 도입하며 이들과 여러 형태의 파트너십을 구축하고 있습니다. 이러한 변화 속에서 저는 IT 아웃소싱 실무를 수행해 왔습니다. 그 과정에서 회사의 다양한 조직 및 파트너사와의 협력 방법 등에 대한 많은 고민을 했고, 많은 사람들과 치열하게 토론할 수 있었습니다.

저는 IT 아웃소싱 업무를 하면서 회사 내의 여러 사업·현업 부서와 IT 부서 그리고 다양한 수행사·벤더와 협업했습니다. 그 과정에서 각자의 입장에서 생각해 보고, 서로의 이해관계를 어떻게 조율할지 깊이 고민해 왔습니다. 또한 운이 좋게도 저는 회사의 주요 아웃소싱 전략 방향에 대한 경영진의 의사결정 과정과 결과를 살펴볼 기회가 여러 차례 있었습니다. 그 당시에 크게 잘못된 선택은 없었지만, 지나고 보니 더 나은 선택이 가능했던 순간들도 있었다고 생각합니다. 저는 IT 아웃소싱을 관리한다는 것은 단순히 기술이나 계약에 관한 업무만이 아니라는 점을 이 책을 통해 설명하고자 합니다. 돌이켜 보면 IT 아웃소싱을 잘 관리하기 위해서는 다양한 기술과 계약에 대한 이해뿐 아니라 회사 내부의 인적 자원 관리, 재원의 운영, 일하는 방식과 프로세스, 조직과 파트너사, 평가와 혁신까지 폭넓게 고민해야 했습니다.

시기적으로도 IT 아웃소싱은 크게 변화하고 있습니다. 코로나 시대 이후 플랫폼 기업의 성장과 함께 제조, 금융 등의 전통적인 산업에서도 IT 개발자를 아웃소싱하지 않고 내부에 두어야 한다는 인식이 확산되었습니다. 이러한 인식의 변화와 함께 기업에서의 아웃소싱 필요성이나 운영 방식, 요구 사항 등이 달라졌습니다. 기업의 경쟁력과 직결된 차별화 요소와 성과가 두드러지는 핵심 업무들은 내부의 IT 인력이 수행하고, 아웃소싱은 단순 업무 및 유지보수 위주로 제한하는 경향이 뚜렷해졌습니다. 동시에 글로벌 신기술 도입이나 기술 전문인력과의 협력 형태의 아웃소싱도 확대되면서, 아웃소싱의 구조는 단순 업무 중심의 아웃소싱과 글로벌 기술 전문성을 확보하려는 아웃소싱으로 이원화되기 시작했습니다.

AX 시대로 접어들면서 IT 아웃소싱의 업무 양상은 더 크게 변화했습니다. 수준 높은 AI 기술을 활용한 다양한 개발·테스트 도구의 도입으로 인해 개발자가 직접 수행하던 많은 업무의 효율성이 급격히 증가하고 있습니다. 더 이상 한 사람의 가치와 그 사람이 만들어 내는 결과물의 가치 사이에 격차가 일정하지 않고, 그 편차가 급격하게 커지고 있습니다. 과거에 사람의 가치를 평균 단가로 표준화하던 방식이나, 역량 혹은 직무별로 단가를 조금씩 세분화하는 전통적인 아웃소싱 방식으로는 결과물의 가치를 측정하고 설명하기가 점점 어려워지고 있습니다. 이러한 차이가 발생하는 원인은 개개인의 역량 차이가 아니라, 개인이 속한 조직의 AI 도입 성숙도, 내부의 다양한 AX 투자, 보유한 지적 자산과 함께 그 조직이 글로벌 빅테크와 맺은 기술 지원 협력과 파트너십 수준까지 그 사람을 지원하는 모든 요소가 결과물의 가치를 크게 끌어올리고 있기 때문입니다. 수행사들은 새로운 AI 도구를 활용하여 특정 분야에 특화된 기술력을 갖춰 나가고 있으며, 그 결과 아웃소싱 가격을 단순히 비교하는 것은 의미가 없어지고 업체 간 전문화와 차별화가 이루어지고 있습니다. 데이터를 직접 학습시켜 AI 모델을 만들든 외부의 글로벌 AI 모델을 활용하든 관계없이, 우리는 이 새로운 기술의 처리 로직을 충분히 이해하지 못한 상태에서 그 모델이 제공하는 불확실한 결과물의 성능을 믿고 회사의 업무 시스템에 적용해야 하는 상황입니다. 우리는 이러한 시대적 변화를 이해하고 수용해야 하며, 회사의 새로운 성장 방식에 최적화된 아웃소싱 체계를 재구축해야 하는 과제가 주어졌습니다.

이 책에서는 다양한 이해관계의 조정과 회사의 전략 변화 과정에서 얻은 현장의 경험과 고민을 솔직하게 공유하고자 합니다. 그동안 저는 IT 아웃소싱 업무를 하면서 많은 분들과 협의하고 치열하게 토론했습니다. 그 과정에서 많은 배움을 얻었고, 깊이 고민했으며, 함께 변화를 이뤄 냈습니다. 이 책에는 회사의 선배님들과 동료들이 가르쳐 준 지식과 경험 그리고 여러 수행사, 벤더와 토론했던 다양한 주제들이 모두 포함되어 있습니다. 이 자리를 빌려 저에게 도움을 주신 모든 분들께 다시 한번 감사드립니다.

마지막으로, 집필 과정에서 부족한 제 글을 독자가 이해하기 쉽도록 아낌없는 조언과 격려를 보내 준 사랑하는 나의 아내 유주희 님께 이 책을 바칩니다.

목차

3. 사람에 대한 고민과 이해

4. 파트너에 대한 고민과 이해

5. 비용에 대한 고민과 이해

6. 조직에 대한 고민과 이해

7. 프로세스에 대한 고민과 이해

8. 평가에 대한 고민과 이해

9. 혁신에 대한 고민과 이해

AX 시대의 IT 아웃소싱은
새로운 방식으로 재구성되어야 한다

디지털 전환(DX)의 다음 단계로 불리는 AI 전환, 즉 AX(AI Transformation)는 IT 아웃소싱의 패러다임을 근본적으로 바꾸고 있다. 과거의 IT 아웃소싱은 비용 절감과 부족한 인력의 보충에 치중했다. 고객은 요구 사항을 문서로 정리해 수행사에 넘기고, 수행사는 투입 인력을 늘려 기한 내에 결과물을 납품하는 구조였다. 그러나 이러한 방식의 접근이 지금의 AX 시대에는 더 이상 통하지 않는다. 가장 큰 이유는 기술과 시장의 변화 속도가 지나치게 빠르기 때문이다. AI·클라우드·SaaS·데이터 중심의 아키텍처 보편화는 얼마나 많은 인력을 투입했는지보다 얼마나 빨리 학습하고, 안전하게 실험하며, 가치 있게 전환할 수 있는지가 경쟁 우위의 기준이 되도록 만들었다. 소프트웨어는 투입 대비 성과가 기하급수적으로 늘어날 수 있고, 사용량에 따라 가격을 유연하게 매길 수 있다. 동일한 자원이라도 아키텍처와 알고리즘, 데이터 품질에 따라 성과는 수십 배 차이가 난다. 또한 사용량 기반 가격 구조는 비용을 인력 단가가 아닌 가치와 성과 중심으로 전환시킨다. 따라서 IT 아웃소싱은 더 이상 단순히 사람을 간접적으로 고용하는 계약이 아니다. 외부의 자원을 활용해 회사의 시스템 아키텍처와 운영 수행체계를 혁신하고, 조직의 학습 속도를 높여 시스템의 품질을 향상시키는 방법을 설계하는 문제다.

이와 함께 AI 서비스를 도입하는 과정에서 맞이하는 가장 근본적인 변화는 예측 가능한 세계에서 확률적 세계로의 이동이다. 과거의 소프트웨어 개발은 고전 물리학처럼 정해진 규칙과 인과관계 속에서 작동했다. 명확한 입력이 있으면 언제나 동일한 출력이 나왔고, 문제를 해결하는 방식도 정해진 공식에 따라 반복되었다. IT의 품질 관리는 설계도를 기준으로 오류를 줄이고 일관성을 확보하는 일이었다. 그러나 AX는 완전히 다른 질서를 요구한다. AI 기술이 적용된 시스템은 확률적으로 작동하며, 동일한 입력에서도 결과는 매번 달라질 수 있다. 모델의 학습 데이터, 사용자 맥락, 환경 변화가 결합되어 예측할 수 없는 다양성을 만들어 낸다. 이 세계에서는 정답이 아니라 분포(Distribution)가 중심이 된다. 개발자는 더 이상 모든 과정을 통제하거나 결과를 결정할 수 없다. 따라서 결과의 패턴을 관찰하고, 불확실성의 크기를 측정하고 관리하며, 개선 방향에 따라 학습하는 체계를 만들어야 한다. 이러한 서비스는 처음부터 완벽하게 만드는 것이 아니라, 불완전한 상태로 출발해 반복 학습과 검증을 통해 신뢰도를 높이는 방식으로 발전한다. 결국 AX 시대의 서비스 개발은 정확성의 시대에서 확률 관리의 시대로 넘어가고 있다. 고전 물리학이 모든 움직임을 예측 가능한 방정식으로 설명하려 했다면, 양자역학은 세계의 질서를 확률로 이해한다. 마찬가지로 AX 시대의 아웃소싱은 모든 문제를 완벽히 정의하려 하지 않고, 불확실성을 전제로 아웃소싱 체계를 설계한 뒤 다양한 실험과 경험을 통해 신뢰 구간을 넓혀 가는 태도를 가져야 한다. 이제 중요한 것은 오류 없는 정답을 설계하는 것이 아니라 변화하는 환경 속에서 안정적으로 작동하며 계속 학습하는 지속 가능한 구조를 만드는 일이다. AX 시대는 요구 사항을 정확하게 구현하는 기술자가 아니라 불확실성을 다루는 설계자의 시대이다. 시스템의 설계 사상과 일하는 방식이 근본적으로 바뀌는 지금 이 순간이, 기존의 IT 아웃소싱 체계를 새롭게 고민해야 하는 시점이다.

AI 기술을 중심으로 IT 분야의 새로운 시대가 다가오고 있다. 과거의 웹과 모바일 시대를 지나면서 우리는 한동안 익숙한 기술 생태계 안에서 예측 가능한 발전 경로를 따를 수 있었다. 그러나 지금의 AI 전환은 과거와 완전히 다른 차원의 변곡점을 만들어 내고 있다. AI 기술은 단일 플랫폼이나 도구의 경쟁이 아니라, 아키텍처 자체를 새롭게 설계하는 흐름을 촉발하고 있다. 기존의 설계 방식, 코드 구조, 데이터 처리 방식, 심지어 개발 조직의 형태까지 근본적으로 흔들리고 있다. 무엇이 표준이 될지, 어떤 기술이 내년에 사라질지 아무도 확신할 수 없다. 하루가 다르게 새로운 AI 모델과 프레임워크, 자동화 도구가 등장하고 다양한 기술과 제품들 사이의 경계는 점점 모호해지고 있다. 이런 환경에서는 특정 기술에 대한 충성보다 의존하지 않는 구조, 즉 대체 가능성과 독립성을 전제로 한 설계가 중요하다. 기술을 선택할 때 무엇이 가장 최신인지보다 언제든 교체할 수 있는지를 따져야 한다. 특정 기술이나 제품에 과도하게 종속되면, 선도 기술이 바뀌는 순간 조직 전체가 함께 낡아 버린다. 따라서 데이터와 인터페이스 표준화를 통해 교체 가능한 기반을 만들고, 의존 관계를 최소화하는 것이 필요하다.

이 책은 이러한 문제의식에서 출발한다. 현장에서 겪은 시행착오와 기업들의 전략을 비교·분석하며, AX 시대에 맞는 새로운 아웃소싱 전략을 제시한다. 단순히 이론적인 관점에서 설명하는 것이 아니라, 계약·비용·파트너십·조직·프로세스·평가·혁신의 전 과정을 다루며 실무에서 경험한 사례와 고민을 기반으로 곧바로 활용할 수 있는 원칙과 사례를 담았다. 이 책에서 다루는 주요 내용은 다음과 같다.

1. IT의 본질을 이해해야 한다

IT는 블랙박스다. 시스템의 화면이 깔끔하더라도 내부의 설계와 운영 품질은 눈에 보이지 않는다. 따라서 아웃소싱 계약에는 소스 코드와 화면뿐 아니라 테스트 로그, 성능 보고서, 아키텍처 기록, 평가 보고서까지 모두 포함되어야 한다. 최종적으로는 기능 명세서 자체보다 산출되는 가치를 중심으로 기술을 평가하고 관리해야 한다.

2. 아웃소싱이란 내재화와 외주화의 경계를 설계하는 일이다

애플이 제조는 외주화하면서도 사용자 경험을 규정하는 소프트웨어와 생태계 운영은 직접 통제하는 것처럼, 기업은 어떤 부분을 반드시 직접 통제할지 그리고 어떤 부분을 외부에 맡길지 명확히 구분해야 한다. 핵심은 비용이 아니라 어느 영역을 우리가 수행하고, 어디까지 외부에 맡길지 정하는 통제 포인트다.

3. 아웃소싱은 사람과 파트너십의 문제다

계약은 도구일 뿐이며 결과를 만드는 주체는 사람이다. 단가와 비용 정산에 대한 지나친 집착은 협업을 거래로 전락시킨다. 계약과 운영을 분리하고, 성과와 결과물 중심으로 지표를 설계하며, 자동화와 혁신의 이익은 상호 공유해야 한다. 또한 수행사와 벤더를 전문가로 존중하고, 방법은 맡기되 결과를 분명히 요구하는 관계에서만 성과가 극대화된다.

4. 비용 구조의 혁신이 필요하다

이제 사람 몇 명이 아니라 일의 단위와 가치로 정산하는 구조가 필요하다. 예를 들면 커피 한 잔 값을 책정하듯 업무의 단위를 표준화하고, 품질이 미달하면 크레딧 혹은 페널티를 적용하는 방식을 도입해야 한다. 더 나아가 SaaS·클라우드 환경에서는 금융의 포트폴리오 관리처럼 집행 비용을 체계적으로 관리하고 미래를 예측하는 선진화된 IT 비용 관리 체계, 즉 FinOps(Financial Operations) 운영체계가 요구된다.

5. 조직과 수행체계에서는 개발과 운영, 제품팀과 플랫폼팀의 균형을 어떻게 잡을지가 핵심이다

이상적인 아웃소싱 수행 구조는 서비스·제품 단위의 자율성과 플랫폼 단위의 일관성을 혼합하는 것이다. 공통 플랫폼은 통제자가 아니라 서비스 개발과 운영에 필요한 다양한 셀프서비스 도구를 제공하는 역할이 되어야 한다.

6. 프로세스와 평가에서 계약서의 조항보다 중요한 것은 일하는 방식이다

고객사와 수행사가 서로 함께 지켜야 할 원칙을 만들고, 긴급 상황은 예외가 아닌 사전 합의된 패스트트랙 규칙으로 처리해야 한다. 프로세스는 최소한으로 표준화하고, 나머지는 다양성과 자율을 허용해야 한다. 측정은 사람 손으로 입력한 숫자가 아니라 시스템 기반의 데이터를 활용해 투명하고 분명하게 운영을 평가해야 한다.

7. 변화(Change)와 혁신(Transformation)을 구분하고, 두 엔진을 동시에 운영해야 한다

기존 체계를 점진적으로 변화시키는 개선 활동과 가치 창출 방식을 새로 설계하는 혁신 활동을 함께 추진해야 한다. 이 과정에서 가장 큰 장애물은 기술 자체가 아니라 과거의 성공 방식을 유지하려는 경로 의존성과 혁신을 두려워하는 조직 문화이다. 조직적 두려움과 갈등에 대응하기 위해서는 혁신을 전담하는 조직의 운영과 제도적 보호막이 필요하다.

이 모든 원칙은 궁극적으로 고객 경험으로 수렴한다. 아웃소싱의 목적은 단순한 비용 절감이 아니라 고객에게 더 빠르고 더 나은 가치를 제공하는 것이다. 따라서 이 책은 독자에게 한 가지 메시지를 던진다. AX 시대의 IT 아웃소싱은 새로운 방식으로 재구성되어야 한다.

1

IT에 대한 고민과 이해

소프트웨어 산업을 이해하는 두 가지 특성
비선형 가치와 가격 탄력성

IT 아웃소싱을 제대로 설계하려면 먼저 소프트웨어의 경제학을 이해해야 한다. 애플의 스티브 잡스는 1995년 인터뷰에서 일상에서 접하는 대부분의 제품은 평균과 최고 제품의 가치 차이가 많아야 2배이지만, 소프트웨어에서는 평균과 최고의 차이가 50배, 어쩌면 100배라고 말했다. 또한 소프트웨어는 다른 제품들에 비해 유연한 가격 구조를 지니고 있다. 공급자와 수요자 모두가 가격과 가치를 정밀하게 조율할 수 있다. 즉 비선형적 가치 창출과 가격 구조의 탄력성을 소프트웨어 산업의 가장 큰 특징이라고 정의할 수 있다.

소프트웨어의 가치는 본질적으로 비선형적이다. 동일한 인력과 예산을 투입해도 아키텍처 선택과 알고리즘 개선 방향, 데이터 품질, 자동화 수준에 따라 결과와 그 가치가 기하급수적으로 달라진다. 예컨대 모듈성과 연동 구조가 좋은 아키텍처는 기능 추가와 장애 복구 시간을 획기적으로 줄여 변경 비용 곡선을 낮춘다. 더 나은 알고리즘과 캐시, 인덱싱 방식은 동일한 인프라에서 처리량을 몇 배 끌어올리고, 데이터 품질과 피드백 프로세스는 예측 정확도를 지속적으로 높여 운영 비용 대비 성과를 증폭시킨다. 개발 도구, 테스트 자동화와 함께 시스템 로그, 관제 이벤트 역시 빠르게 시도하고 안전하게 되돌릴 수 있는 능력을 키워 속도 자체를 경쟁 우위로 만든다. 결과적으로 소프트웨어는 단순한 기능 목록의 합이 아니다. 다양한 가치 요소에 대한 복합적인 결과물이다. 그로 인해 유사한 기능을 가진 소프트웨어의 가격이 천차만별이고, 최고의 소프트웨어는 일반적인 다른 제품과의 가격 차이가 매우 크게 형성된다.

다음으로 가격 구조의 탄력성은 소프트웨어를 가치 기반으로 구매할 수 있도록 만든다. 고정된 대가보다는 사용자 수·트랜잭션·API 호출 수 등 사용량 기반 혼합형 비용 모델을 도입하여 고객의 규모·업무 강도·시간대별 수요 변동에 맞춰 사용 요금을 설계·협의할 수 있으며 미세 조정할 수 있다. 공급자는 패키징(Packaging)·번들링(Bundling)·약정 할인(Commitment Discount)·용량 예약(Reserved Capacity) 등 다양한 방식으로 수익성을 개선하거나 확장할 수 있고, 수요자는 초기 투자비를 매달 지급하는 비용으로 전환해 현금흐름을 개선할 수 있다. 인플레이션이 심화될 때에도 공급자는 기능 차등·서비스 수준 조정·약정 재구성 등을 통해 정교하게 원가를 조정함으로써 추가 비용을 고객에 전가하거나 자체적으로 흡수할 수 있다. 한편, 수요자는 모니터링 기반의 사용량 최적화나 규모 축소(Scale Down) 등의 FinOps 운영 기법으로 비용을 충분히 통제할 수 있다. 이처럼 소프트웨어의 가격은 정가(List Price)가 아니라 가치·사용량·위험을 축으로 재구성되는 협상의 결과물에 가깝다.

이러한 소프트웨어의 특성은 IT 아웃소싱의 전제를 근본적으로 바꾼다. 소프트웨어의 비선형 가치 창출 특성을 충분히 이해하는 고객사는 요구 사항 정의서 중심의 고정된 과업 범위보다, 문제 정의→가설 설정→테스트→평가의 학습 프로세스를 빠르게 운영할 수 있는 체계를 벤더·수행사와 함께 설계한다. 그 과정에서의 결과물에는 소스 코드뿐 아니라 아키텍처 결정 기록과 자동화 테스트, 성능·보안 대시보드, 평가 보고서까지 모두 포함된다. 이렇게 해야 최고의 가치를 창출하는 소프트웨어를 개발할 수 있다.

가격 탄력성을 이해하는 고객사는 단순한 인력 투입량이 아닌 결과물·성과·사용량에 연동된 계약을 선호하게 된다. 구독 방식의 사용량 및 성과 기반의 혼합 과금, 약정과 할인, 비용 집행 상·하한 설정, 성능 미충족 시 크레딧, 페널티 혹은 서비스 수준의 다운그레이드 등의 자동 조정 메커니즘이 대표적이다. 이러한 고객사의 선호로 인해 서비스 공급자인 수행사는 고도화된 서비스 패키징과 고객 중심의 관리 체계를 갖추게 되었고, 수요자인 고객사 역시 지표 기반의 거버넌스 체계와 FinOps 역량이 반드시 필요하게 되었다. 이 장 전체를 관통하는 메시지는 분명하다. AX 시대의 IT 아웃소싱은 사람을 더 투입하는 문제가 아니다. 가격 메커니즘을 통해 조직의 종합적인 가치를 극대화하는 전략이다.

정보 비대칭과 블랙박스로서의 IT
보이지 않는 것을 투명하게 관리하는 방법

    IT 아웃소싱의 결과물은 화면과 버튼처럼 눈앞에 드러나지만, 그 결과를 만드는 구성 요소의 설계와 운영은 잘 보이지 않는 블랙박스에 가깝다. 내부에 숙련된 인력이 없다면 고객사는 겉모습과 데모만으로 품질을 짐작할 수밖에 없고, 그 사이에서 정보의 비대칭이 발생한다. 그로 인해 고객사의 IT 아웃소싱 선택지도 극단적으로 갈린다. 블랙박스라는 사실을 인정하고 완성형 서비스인 SaaS(Software as a Service) 제품을 빠르게 도입하여 사용하거나, 이를 받아들이지 못하고 바닥부터 직접 개발해 쌓아 올린다. 그러나 다양한 AI 모델을 활용한 Agent가 서비스와 연계되기 시작하고, AI 기술 주도의 개발 방법론(AI-Driven Development)과 AI 기술이 적용된 다양한 개발 도구를 활용하여 개발하는 AX 시대에는 모든 것을 직접 개발하더라도 그 결과물은 본질적으로 블랙박스가 될 수밖에 없다. 즉 어느 쪽이든 안에서 무엇이 얼마나 견고하게 돌아가는지는 여전히 불투명하다. 이 불투명성은 곧 잘못된 확신과 과도한 기대를 가지고 프로젝트가 종료된 이후, 뒤늦게 사고가 발생하여 고객사를 당황하게 만드는 위험 요인이 된다.

불투명한 IT 아웃소싱 환경에서 가장 먼저 마주치는 벽은 품질을 수치로 잡아내기 어렵다는 점이다. 화면은 깔끔한데 시스템 내부에서는 처리 지연·재시도 남발 등 기능의 오류가 발생하고, 소스 코드가 얽혀 있으며, 기술 부채가 쌓이는 문제가 숨어 있을 수 있다. 단발성 부하 시험이나 짧은 시연으로는 이러한 구조적 문제점을 발견하기 어렵다. 이러한 문제 해결의 출발은 설계 단계부터 시스템의 기능과 성능을 측정할 수 있는 장치를 반영하는 것이다. 요청이 들어와 처리되어 나갈 때까지의 시간·실패 비율·오류 위치·변경된 내용과 그 영향이 자동으로 기록되도록 하고, 그 결과를 정해진 형식으로 공유받아야 한다. "보여 달라"가 아니라 "성과를 측정해 증명하라"는 요구가 가능하려면, 애초에 시스템을 측정 가능하게 만들어야 한다.

두 번째 장벽은 외부 환경의 변화에 따른 프로젝트의 요구 사항이 계속 바뀌는 현실이다. 전략·규제·경쟁·고객 반응이 바뀌면 오늘의 정답이 내일의 제약이 되기도 한다. 계약 시점의 요구 사항만으로 성과와 품질을 담보하기 어렵다는 뜻이다. 따라서 계약 시점에 과업 범위를 고정하고 그 내용으로 결과물을 검수하는 방식보다, 문제 정의→가설 설정→테스트→평가→개선의 프로세스를 얼마나 빠르고 안전하게 운영할 수 있는지가 더 중요하다. 고객사와 수행사는 하나의 할 일 목록(To-Do List)을 운영하고, 과업의 변경 사유와 의사결정의 과정과 근거를 남기며, 소규모 배포를 개발 업무의 표준 습관으로 삼아 위험을 국소화해야 한다.

세 번째 장벽은 지식이 수행사 쪽에만 쌓이는 위험이다. 설계 의도나 장애 대응, 조치 방법 등의 경험과 맥락은 문서 몇 장만으로는 완전히 고객사에 전달될 수 없다. 초기에 전환 계획을 함께 설계하고, 고객사 주도적으로 모의 전환을 함께 수행해 보지 않으면, 계약 종료나 인력 변동 시점에 고객사에는 큰 업무 공백이 발생한다. 소스 코드와 문서만 받아서는 모든 것이 해결되지 않는다. 왜 이렇게 만들었는지, 무엇을 포기했는지, 어떤 순서로 배포하고 복구했는지까지 모든 경험과 노하우를 이전받아야 원활한 운영이 가능하다.

이 세 가지 구조적 위험을 동시에 낮추는 방법이 측정 가능성과 검증 중심 거버넌스의 결합이다. 측정 가능성이란 보이지 않는 내부 상태를 밖에서도 추론할 수 있게 만드는 능력이다. 모든 처리 흐름에 공통 식별자를 붙여 어떤 요청이 어느 부서·기능·데이터·배포 작업 등과 연결되는지 추적할 수 있게 한다. 또한 그 핵심 경로에는 전환율 등의 업무 지표와 처리량·오류율 등 기술 지표를 함께 관리한다. 수집된 수치는 서비스 수준 계약(SLA)과 연결되어야 하며, 목표 수준에 미달하는 기간이 늘어나면 출시 속도를 자동으로 조절하는 안전장치가 작동해야 한다. 대시보드는 보여 주기 위한 장식이 아니라 의사결정을 움직이는 규칙이 되어야 한다.

이 모든 측정과 검증의 방법과 절차는 아웃소싱 계약에 반영될 때 힘을 얻는다. 납품받을 항목을 소스 코드와 화면에만 한정하지 말고,

설계 기록·테스트 결과서·보안 보고·구성 요소 목록·운영 대시보드·운영 절차서·장애 복구 계획까지 포함하여 상세하게 정의하고 검증해야 한다. 각 항목에는 형식·제출 주기와 소유·열람·반출 권한 등을 함께 정의한다. 아울러 목표 미달 시 자동 조치도 규칙화해야 한다. 목표 미달이 확인되면 크레딧 혹은 페널티를 부여하고 개선 계획 제출이 자동으로 진행되도록 만들어야 고객사와 수행사 간의 업무가 부탁이 아니라 절차로 움직인다.

　IT 분야는 본질적으로 블랙박스에 가까워지고 있다. AX 시대의 서비스 개발 방식은 설계한 그대로 정확하고 예측 가능한 결과물을 만드는 것이 아니라, 불확실성을 가진 AI 기술을 내부에 도입·적용하는 것이다. 그래서 측정이 가장 중요하다. 처음부터 보이도록 설계하고 운영 중에는 그 결과를 철저하게 검증하여 관리한다. 계약으로 권리와 형식을 명확히 정의해 놓으면, 품질 측정의 어려움·요구 사항 변화·지식 이전 실패라는 세 가지 위험을 통제 가능한 수준으로 낮출 수 있다. 성공적인 아웃소싱은 화면을 잘 만드는 기술이 아니라, 보이는 것과 보이지 않는 것을 연결하는 체계를 설계하는 일이다. 그 체계가 갖춰질 때 고객사는 확신을 가지고 AX 혁신의 속도를 높일 수 있고, 수행사는 자율성과 책임감을 지닌 진정한 파트너가 된다.

교체를 전제로 한 아키텍처
재사용의 시대는 저물었다

오늘의 IT는 내부를 샅샅이 이해하고 통제하는 세계가 아니라, 외부에서 보이는 입력과 출력으로 가치를 판단해야 하는 블랙박스의 세계에 가까워지고 있다. SaaS 등 상용 서비스 도입이 급격히 확산되고, AI 기술이 결정 과정에 깊이 개입하면서 왜 그런 결과가 나왔는지를 사람의 언어로 완전히 설명하기에는 제약이 있다. 과거에는 비즈니스 로직과 코드를 모두 직접 만들고, 설계의 이유를 문서로 남기고, 이상 현상을 원인과 대책으로 정리하는 방식이 미덕이었다. 그러나 기술의 발전 속도가 인간의 학습 곡선을 앞지른 지금, 모든 것을 파악하고 있어야 한다고 주장하는 태도는 비용과 업무 지연만 키우는 비효율적인 선택이 된다. 이제 필요한 것은 IT가 블랙박스임을 인정하고, 그 불확실성을 견딜 수 있는 구조를 의도적으로 설계하는 일이다. 그 구조는 설명 가능한 범위는 줄어들 수 있으나, 측정 가능한 범위는 넓힐 수 있다. 그래서 AX 시대에 설계의 시작은 이해가 아니라 측정이다. 기능이 아니라 지표·로그·테스트 결과로 서비스 품질을 확인하고, 결과가 기준에 미치지 못하면 빠르게 해당 기능을 교체하거나 복구하는 체력이 중요하다. 왜 그랬는지를 끝없이 논증하기보다는 다음 변경에서 얼마나 더 나아졌는지를 말하는 문화가 필요하다.

이와 함께 인프라와 서비스에 대한 재사용성의 전제가 약해지는 현상을 직시해야 한다. 클라우드에서는 서버를 오래 보존·정비하기보다 필요할 때 만들고 버리는 편이 경제적이다. 그럼에도 불구하고 많은 조직이 예전 온프레미스(On-Premises) 습관을 붙들고 가상 머신(VM)을 자식처럼 돌본다. 이제는 고장이 나면 수리보다 교체가 빠르다. 성능이 모자라면 즉시 용량을 확장하고, 용량이 과하면 줄인다. 소프트웨어 구성도 마찬가지다. 한 번 만든 것을 오랫동안 손질해 재사용하는 전략 대신, 표준 인터페이스로 연결된 작은 조각을 필요에 맞춰 조립·해체하는 전략이 합리적이다. 마이크로서비스 아키텍처(MSA)와 내부 패키지 모두 도입·적용할 때의 핵심 검토 사항은 쉽게 붙이고 쉽게 뗄 수 있는지 여부다. 이러한 관점은 AI Agent 도입 과정에서 더 명확해진다. 하나의 AI 모델을 신줏단지 모시듯이 관리하기보다, 목적에 맞게 다양한 AI 모델을 나란히 붙여 보고, 비용·정확성·안전 지표로 비교해 더 나은 쪽으로 갈아탄다. AI 모델을 오래 잘 쓰는 법을 고민하기보다 새로운 모델로 빨리 갈아탈 수 있는 길을 넓히는 편이 합리적이고 전략적으로 유리하다.

재사용성의 감소는 이제 낭비가 아니라 변화의 속도를 중시하는 의사결정을 의미한다. 오래 쓰려다 생기는 누수와 복잡도를 감당하느니,

작게 만들고 빨리 버리는 편이 전체 수명주기에서의 비용을 낮추는 데 도움이 된다. 그러려면 교체 비용을 낮추는 설계 습관이 필수적이다. 데이터·이벤트·API를 최대한 표준화하고, 특정 제품의 확장은 자유롭게 하되 기본적인 운영 원칙과 기준을 중심으로 운영한다. 이렇게 운영해야만 오늘의 선택이 내일의 족쇄가 되는 위험을 최소화할 수 있다. 도구는 더 자주 바뀌겠지만, 도구를 자유롭게 바꿀 수 있는 유연성은 성과를 지킨다. 궁극적으로 AX 시대에는 한 번 잘 만들어 오래 쓰는 조직에서 새로운 수행사와 기술을 빠르게 도입하고 빈번하게 교체해도 흔들리지 않는 조직으로 변화해야 한다.

평가와 관리 문화도 함께 변화해야 한다. 원인을 끝까지 밝혀야만 움직일 수 있는 조직은 점점 느려진다. 반대로 원인은 충분히 추정하되 작은 실험으로 빨리 확인하고 바로잡는 조직이 효율적이고 빨라진다. 평가와 원인 분석은 과거를 반성하고 변명하는 과정이 아니라 다음 설계도의 초석이 되어야 한다. 아키텍트(Architect)의 역할도 재정의된다. 모든 것을 아는 전문가가 아니라 빠르게 도입·적용하고 결과를 검증하는 구조를 설계하는 안내자여야 한다. 특정 기술의 깊이를 끝없이 파기보다는 서비스 간의 경계와 인터페이스를 정의·개선하여 교체 가능성과 측정 가능성을 높이는 사람이 필요하다.

새로운 기술의 내부를 완전히 이해하겠다는 욕심을 내려놓고, 대신 더 잘 보이게 기록하고 더 빨리 바꿀 수 있게 설계해야 한다. 오래 붙잡아 재사용할 것을 찾기보다, 쉽게 붙이고 쉽게 떼는 조립 방식을 시스템 아키텍처 설계의 기본으로 둔다. AI 기술과 클라우드 시대의 성과는 설명이 아닌 반복에서 나오고, 소유가 아닌 조합에서 나온다. 블랙박스를 두려워하지 말고, 그 위에서 작동하는 측정과 교체의 설계를 정교하게 해야 한다. 그러면 불확실성은 위험이 아니라 속도의 연료가 된다.

기술의 가치를 이해하는 방법
IT 아웃소싱은 기술이 아니라 가치를 평가하는 일

성공적인 IT 아웃소싱 관리를 위해 가져야 할 중요한 역량은 기술의 작동 방식과 속사정을 꿰뚫는 능력이 아니라, 그 기술이 고객사의 문제를 얼마나 잘 해결해 주는지 이해하고 조합하는 능력이다. 어떤 기술은 개발 속도를 끌어올리고, 또 다른 기술은 고객 경험을 개선한다. 또 어떤 기술은 반복 작업을 줄여 사람들을 더 중요한 업무에 투입할 수 있게 해 주기도 한다. IT 아웃소싱 관리자는 이러한 가치의 관점에서 기술을 분류하고, 한 걸음 떨어진 제3자의 관점에서 냉정하게 비교하는 사람이 되어야 한다. 작동 방식이 무엇인지보다 이 선택이 리드타임을 얼마나 줄이고 시스템 전환 방식과 운영 품질, 아웃소싱 비용 구조를 어떻게 바꾸는지를 먼저 물어야 한다.

기술의 가치를 쉽게 파악하려면 다음의 4가지 범주로 기술을 구분하고 이해하는 습관이 필요하다. 첫 번째는 개발 속도와 품질을 올려 주는 생산성의 범주이고, 두 번째는 화면 배치와 속도, 정보를 처리하는 방식 등 고객 경험을 개선하는 범주이다. 세 번째는 자동화로 반복과 수작업을 없애는 비용 절감의 범주이고, 마지막은 사고의 발생 가능성과 규제 위험을 낮추는 범주이다. 어떤 후보 기술이 네 가지 범주 중 어디에 가장 크게 기여하는지 표시하면, 그 기술을 기능 목록이 아닌 가치 대비 가격으로 정리할 수 있다. 예를 들어 이미지 최적화와 테스트 도구는 고객 체감 품질에, 업무 흐름 자동화는 처리량과 오류 감소에, 접근 통제와 기록 추적은 사고 예방에 가장 큰 점수를 주는 식의 가치 판단이 가능해진다.

다음으로 비교의 기준과 측정 방식을 통일해야 한다. 벤더마다 자신의 역량과 가치를 설명하는 포장지가 다르더라도 고객사는 자신이 중요하게 생각하는 가치를 보는 잣대가 같아야 한다. 그리고 가치를 창출하기까지의 시간, 3~5년 동안 들어갈 총비용, 기존 시스템과 연계하여 통합하는 난이도, 보안과 감사 대응의 수월함, 고객사에서 세운 성과 목표를 안정적으로 맞출 수 있는지를 종합적으로 고려해야 한다. 이 기준으로 후보군을 하나의 표에 정리해 보면, 화려한 설명을 걷어 내고 동일한 기준으로 공정하게 비교할 수 있다. 선정 과정의 핵심은 시연이 아니라 측정이다. 결론은 "보기 좋았다"가 아니라 운영 지표가 얼마만큼 실질적으로 개선되었는지를 보여 줘야 한다.

좋은 선택의 절반은 정보가 부정확하고 불투명한 문제에서 발생하는 갈등을 줄이는 소통에서 만들어진다. 분기마다 가벼운 시장 동향 분석을 통해 실사용자 후기·공개 가격·커뮤니티 비교치를 모으고, 내부에는 한두 장 수준의 정보를 주기적으로 공유한다. 법무·보안·구매 부서와 프로젝트 초기부터 지속적으로 소통하여, 예상치 못하게 업무의 흐름이 막히는 상황을 줄인다. 그리고 선택하지 않은 대안과 그 이유를 문서에 남겨 다음 의사결정사가 배경을 이해하게 한다. 이렇게 하면 구성원이 바뀌어도 조직이 기억상실증에 걸리지 않는다. 또 하나 중요한 장치는 일하는 방식의 안전한 울타리, 즉 가드레일(Guardrail)의 설정이다. 표준 인터페이스를 우선하고, 데이터와 기록의 소유·반출 권리를 명확히 하며, 로그 등의 측정 기준을 통일하고, 전환 시나리오를 설계에 넣어 두면, 특정 기술에 지나치게 의존하는 비용을 제한할 수 있다. 이러한 가드레일이 있어야 관리자는 완벽한 선택을 강박적으로 찾지 않고 가드레일 내에서 빠르게 시도하고 빠르게 되돌리는 방식을 취할 수 있다. 마지막으로 역할을 분명히 하는 태도가 필요하다. 아웃소싱 관리자는 세부적인 내용을 깊게 고민하는 전문가이기보다 가치 판단자여야 한다. 빠르게 가치 판단을 하려면 항상 아래의 네 가지 질문을 해야 한다. "이 선택이 우리 조직의 무엇을 바꾸는가", "얼마나 빨리 안전하고 저렴하게 바꾸는가", "데이터와 결과물은 누구의 것인가", "다른 기술로 쉽고 빠르게 대체할 수 있는가"라는 질문을 던져야 한다. 기술은 수단이고 가치는 목적이다. 이 질서를 지키면 복잡한 기술 시장도 쉽고 정확한 선택의 문제로 바뀐다. 그러면 우리는 덜 알고도 더 잘 고르는 조직이 될 수 있다.

AI와 Agent가 바꾸는 소프트웨어 경제학
노동 집약형 산업에서 AX 설비 투자의 시대로

소프트웨어 산업은 오랫동안 사람 수를 늘려 성과를 키우는 노동 집약형 산업이었다. 프로젝트 일정은 사람·투입 기간으로 계산되고, 품질은 숙련 개발자의 손에 크게 의존했다. 그러나 AI와 Agent가 보편화되는 AX 시대에, 산업의 중심축은 사람을 더 투입하는 방식에서 설비를 더 갖추는 방식으로 이동하고 있다. 여기에서 말하는 설비는 공장의 기계가 아니라 AI 모델·Agent·GPU 인프라·데이터 파이프라인·자동화된 개발 도구·평가 체계·표준 템플릿·RPA 등의 디지털 생산 수단을 뜻한다. 이 설비가 제대로 갖춰지면 과거 대규모의 개발자와 관리자가 수행하던 업무를 소수의 전문가가 설계·감독·실행하며 더 나은 결과를 생산할 수 있는 구조가 열린다.

AX 시대에 소프트웨어 산업 변화의 핵심은 생산 함수의 전환이다. 과거에는 인력 투입이 늘면 산출이 비례해 늘었지만, AX 환경에서는 초기의 대규모 투자로 구축한 AI 기술과 Agent 기반의 소프트웨어 생산 라인이 반복 작업을 흡수한다. AI 기술을 활용해 소스 코드 생성·테스트·배포·문서화·운영 모니터링까지 자동화된 공정이 되면 사람의 역할은 문제 정의·설계·품질·판단으로 이동할 수 있다. 동일한 기능을 만드는 데 들어가는 한계 비용이 급격히 낮아지고, 기능 수가 늘수록 규모의 이익이 커진다. 결과적으로 과거 대비 소수의 엔지니어 전문가 집단이 더 안정적이고 일관된 서비스를 빠르게 구축할 수 있다. 이 과정에서 다양한 AI 제품과 소프트웨어를 외부에서 조합하여 도입하고, 내부에 적용하는 일이 흔해진다.

이 전환에서 가장 중요해지는 역량은 엔지니어링과 아키텍처 역량이다. 한 줄의 소스 코드를 직접 많이 쓰는 사람이 아니라, 어떤 서비스와 제품을 사용할지 검토하고 조합해서 시스템을 설계하는 사람이 가치의 원천이 된다. 아키텍트는 재사용 가능한 표준과 템플릿, 구축 과정에서의 체크포인트, 로그와 지표의 기준을 정해 품질이 설계에서 결정되도록 만든다. 엔지니어링 리드는 제품 도입·연동·데이터·보안뿐만 아니라 비용의 변동 요소까지 아우르며 시스템의 경제성까지 책임진다. 개발자는 사라지지 않는다. 다만 개발의 무게 중심이 손으로 만드는 사람에서 AI 기술을 활용하여 설계·운영하는 사람으로 이동한다.

비용 구조도 달라진다. 아웃소싱 비용이 인건비 중심에서 GPU·개발 도구·AI 모델·클라우드·데이터 등의 서비스 비용 중심으로 옮겨간다. 초기에는 투자 부담이 있지만, 한 번 라인을 세우면 기능 추가의 한계 비용이 낮아져 빠른 실험과 확장이 가능해진다. 투자 판단의 기준도 바뀐다. 사람 수를 몇 명 늘릴지보다, 이 투자가 리드타임을 얼마나 줄이고 결함을 얼마나 예방하며 비용의 변동성을 얼마나 낮추는지가 의사결정의 핵심이 된다. 동일한 기능을 더 빠르고 안정적으로 구현하는 것이 새로운 생산성의 정의가 된다. 자동화된 테스트 및 평가 체계는 결함을 선제적으로 걸러 내며, 서비스 배포의 실패를 작고 짧게 만든다. 관제 표준은 문제의 원인을 분 단위로 좁히는 능력을 준다.

이러한 AX 시대의 변화 속에서 IT 아웃소싱 전략은 자연히 바뀐다. 인력 보강 중심의 용역 계약은 효용이 줄어들면서, 성과와 사용량에 기반한 계약이 중심이 된다. 운영은 기본 업무 수행범위에 단위 과금을 결합하고, 개발은 요구 사항을 중심으로 메뉴판형 서비스 카탈로그로 관리한다. 다양한 수행사는 역할별로 세분화하여 개별 계약하고, API·이벤트·표준 카탈로그로 느슨하게 통합한다. 고객사와 수행사들은 동일한 대시보드를 보며 목표를 합의하고 지표를 근거로 업무를 조정한다. 그 결과 내부에는 많은 관리자와 개발자 대신 소수의 뛰어난 설계자와 엔지니어가 자리 잡는다. AI와 Agent가 보편화되는 시대에 소프트웨어는 더 이상 전형적인 인력 산업이 아니다. 설비 투자형 산업으로 이동하고 있다. 경쟁 우위는 더 많은 인력을 투입하는 것이 아니라 더 나은 라인을 더 빠르게 구성하고, 더 안전하게 운영하는 능력에서 나온다. 무엇을 만들지보다 어떻게 만들도록 할지 설계하는 역량이 곧 성과이고, 그 힘이 축적될수록 적은 인원으로도 더 큰 결과를 낼 수 있다.

2

계약에 대한 고민과 이해

두 얼굴을 동시에 가진 IT 아웃소싱
단순 반복 vs. 전문가

아웃소싱은 전통적으로 노무 대체형과 전문 위탁형으로 나눌 수 있다. 전자는 건물의 경비·시설 관리 업무처럼 기본적으로 표준화된 절차에 따라 단순하고 반복 수행하는 업무를 외부 인력으로 대체하는 방식이고, 후자는 변호사·회계사처럼 전문 지식과 판단이 필요한 영역을 전문가에게 맡기는 방식이다. IT는 이 둘을 동시에 포함하는 드문 분야이다. 시스템 관제·고객 상담·유지보수 등의 업무는 기본적으로 표준 규칙과 교대 근무가 핵심이어서 노무 대체형의 성격이 강하고, 신규 개발·아키텍처 설계·정보 보안·데이터 분석 등의 업무는 문제 정의와 해법 설계, 실험이 본질이어서 전문 위탁형에 가깝다. 이러한 이중성 때문에 하나의 단일화된 계약 틀과 단편적인 평가 방식으로는 전체를 제대로 아우르기가 어렵다. 따라서 AX 시대의 아웃소싱 체계는 하이브리드 방식으로 설계해야 한다.

먼저 운영·유지보수 등의 반복 업무는 안정적인 품질 관리 중심의 아웃소싱 운영이 적절하다. 목표 가동 시간·응답 시간·해결 시간·경보를 감지해 조치하기까지 걸린 시간·변경 성공률과 실패율·용량 확보·백업과 패치의 적기 처리율·취약점 조치율 등의 항목을 매일 측정한다. 이런 항목이 바로 SLA의 내용으로 반영된다. 여기에 24시간 서비스 데스크, 사고 대응·원인 분석·재발 방지 절차, 교대와 비상 대응, 정해진 문서와 체크리스트, 복구 훈련 계획 등을 계약의 필수 구성으로 반영한다. 목표 수준을 달성하지 못하거나 약속을 어기면, 사전에 합의한 서비스 크레딧 혹은 페널티를 부여하고 개선 계획을 수립하여 적기에 조치되도록 만든다. 운영의 기본적인 목표는 더 잘하도록 개선하기보다는 실패하지 않는 상태를 꾸준히 유지하는 것이다.

한편 고도화 개발, 시스템 설계, AI 기술 도입 및 데이터 작업 등 전문 위탁형 아웃소싱 분야는 성과물과 속도로 관리해야 한다. 이 분야는 기능 목록만 나열해 넘기는 방식이 통하지 않는다. 문제→가설→테스트→검증의 개발 사이클을 얼마나 짧고 명확하게 수행했는지, 고객사가 체감한 개선이 무엇인지, 실패에서 무엇을 배웠는지가 핵심이다. 따라서 계약에서는 핵심 마일스톤과 성과 지표를 앞세우고, 세부 실행 방법은 파트너에게 맡긴다. 월 혹은 분기 단위의 공동 백로그(Backlog)를 두고 우선순위를 계속 조정하며, 시범 적용→부분 확대→전체 적용의 단계를 통과할 때마다 성공 기준을 엄격히 확인한다. 이 영역은 결과물의 가치와 성과를 검증하는 방식으로 아웃소싱 계약을 운영해야 한다.

하이브리드 운영체계에서 어려운 부분은 개발과 운영 두 트랙이 만나는 경계이다. 운영은 품질과 서비스 안정이 우선이어서 변경을 꺼리고, 개발은 성과를 내기 위해 잦은 출시를 원한다. 한쪽으로 기울면 속도가 지연되거나 위험이 가중된다. 균형을 만들려면 몇 가지 장치가 필요하다. 첫째, 안정과 변경 속도를 수치로 연결하여 평가한다. 예를 들어 분기 목표 가동 시간과 허용 가능한 실패 범위를 정하고, 그 기준을 넘어가면 변경 속도를 자동으로 늦추도록 합의한다. 이는 직감이 아니라 숫자로 변화와 혁신의 속도를 조절하는 방법이다. 둘째, 배포 전략과 규칙을 명문화한다. 소규모로 적용하고 문제 발생 시 자동으로 원상복구되는 단계적 적용 규칙을 명확화하고, 어떤 신호가 나타나면 즉시 되돌릴지를 배포 전에 함께 합의해야 한다. 이렇게 하면 배포 과정에서의 실패가 서비스 전체를 멈추게 하지 않는다. 셋째, 구성원 모두 동일한 데이터와 화면을 본다. 속도·오류·복구 시간·고객 불만 등 핵심 데이터를 고객사와 수행사가 한 대시보드에서 동시에 보아야 한다. 그래야 문제의 원인을 찾는 시간이 줄고, 책임 공방이 줄어든다. 넷째, 가볍지만 자주 열리는 회의 등을 통해 거버넌스 체계를 실무적으로 운영한다. 무겁고 딱딱한 위원회 대신 제품 단위의 R&R 조정과 정기적인 아키텍처 리뷰, 변경 관리 회의를 운영해 작게 자주 방향을 맞춘다. 이렇게 하면 운영과 개발이 각자 유리한 지표만 올리는 유혹을 줄이고, 연결된 하나의 목표를 바라보게 된다.

하이브리드 운영체계를 현실에 적용하려면 다음의 단계를 거쳐야 한다. 첫째, 업무의 범위와 수행 과업을 명확하게 나눈다. 반복·표준이 가능한 부분은 운영 트랙으로, 탐색·설계가 필요한 부분은 개발 트랙으로 구분하여 통합한다. 둘째, 각 트랙의 계약 방식과 구성 요소를 다르게 만든다. 운영은 약속된 수치와 절차를 중심으로, 개발은 마일스톤·성과 지표·검증 대상 목록으로 정리한다. 셋째, 사전에 경계 규칙을 명확하게 정의한다. 허용 가능한 실패 범위, 단계적 적용과 복구 조건, 변경 시간대와 예외 절차 및 기준을 주기적으로 이메일이나 문서로 공유한다. 넷째, 공동 목표를 설정해야 한다. 운영은 안정 지표를 지키는 선에서 속도를 지원하고, 개발은 속도를 내되 운영 품질을 갉아먹지 않도록 한다. 다섯째, 성과와 계약을 연동한다. 운영은 목표 미달 시 페널티를 부여하여 대가를 자동으로 감액해야 하지만, 개발은 목표 달성 시 성공 인센티브를 제공하며 실패하더라도 원인 분석을 통한 개선 활동으로 이어지게 해야 한다.

　하이브리드 운영체계에서는 극단을 피하고 맥락을 살리는 분할과 통합이 필요하다. 표준화할 수 있는 반복적인 업무는 SLA로 견고하게 잡고, 전문성·창의성·판단이 필요한 업무는 성과 중심으로 유연하게 반영한다. 그리고 두 영역을 동일한 데이터와 단일 목표로 다시 연결시켜 서로 협력하고 발목을 잡지 않게 만든다. 이때 IT 아웃소싱은 단순한 비용 절감이 아니라, 서비스의 혁신과 품질을 함께 움직이는 엔진이 된다. 이 엔진은 규칙으로 움직이고, 숫자로 대화하고, 작은 실패를 빠르게 흡수하며, 큰 성공을 꾸준히 재현하는 체계이다. 결국 잘 설계된 하이브리드 체계가 안심하고 혁신할 수 있는 수행 조직을 만들고, 그것이 AX 시대에는 가장 강력한 경쟁력이 된다.

아웃소싱 포트폴리오 구성
정답을 찾는 것이 아니라 조합해 나가는 과정

IT 아웃소싱은 한 번 정하면 변하지 않는 정답이 존재하는 것이 아니다. 현재 조직의 내부 상황과 외부 환경 변화에 따라 조합과 비중이 달라지는 포트폴리오이다. 회사에서 아웃소싱이 필요한 업무 전체를 인력 보강형(Staff Augmentation), 프로젝트형(Project-Based), 관리형 운영(Managed Services), SaaS·클라우드 구독(SaaS·Cloud Subscription), 공동 수행(Co-Sourcing 혹은 Joint Delivery) 등 다섯 가지 IT 아웃소싱 모델로 분류해 포트폴리오처럼 배치하고 주기적으로 조정하는 것이 핵심이다. 먼저 현재 과제를 업무 유형·리스크·시간 제약이라는 세 축으로 좌표화해야 한다. 조직의 상황과 외부 환경을 고려하여 충분한 현황 분석과 역량 진단을 통해 전략적으로 판단하고 비교해 본 뒤 적절한 아웃소싱 방식을 선택하고 조합해야 한다.

인력 보강형 아웃소싱은 내부에 제품 방향과 설계 원칙이 단단히 확립되어 있으나, 당장의 속도가 필요하고 손이 부족할 때 효과적이다. 투입 시간과 기간(T&M, Time & Materials)을 기준으로 비용을 정산하며, 외부 인력으로 내부 인력의 부족을 단기적으로 해소하되 모든 통제권과 지식은 내부에 남겨야 한다. 소스 코드는 내부 저장소에서 관리하고, 설계 결정과 테스트 기록을 남기며, 페어 작업·리뷰·회고 등의 활동으로 수행사에 축적되는 암묵지(Tacit Knowledge)를 매일 내부에 흡수해야 한다. 이 고리가 끊기면 인력 보강이 외부 의존으로 변한다.

프로젝트형 아웃소싱은 마이그레이션이나 규제 대응처럼 업무의 범위와 목표, 기한이 비교적 명확한 개선 과제에 적합하다. 턴키(Turn-key) 계약 혹은 고정가(Fixed Price) 계약으로 일정과 예산의 예측 가능성을 얻을 수 있다. 다만 요구 사항의 변경에 취약하므로, 계약 단계에서 가격·일정·우선순위 재정렬 방식·단계별 수용 기준과 절차를 상호 명확하게 반영해야 한다. 단순히 기능이 존재한다는 것에서 끝내지 말고 성능·보안·관제 지표 등 공통 영역과의 연계 수준 및 비즈니스 성과까지 입증하게 해야 한다.

관리형 운영 아웃소싱은 안정 궤도에 오른 서비스에 적절하다. 시스템·네트워크·애플리케이션 등의 지속적인 운영·유지보수 업무를 서비스 방식으로 위탁하는 방식이며 비용을 사용량 기반 요율·단위 업무 단가·고정가 등 다양한 방식으로 책정하여 계약한다. 가동률·응답 시간·해결 시간·변경 실패율·취약점 처리 등의 SLA 지표로 안정성을 추구한다. 현실에서의 운영은 인력 보강형 아웃소싱과 유사한 측면이 있지만, 고객사가 아닌 수행사에 서비스 운영의 주체로서 책임이 있다는 점에서 가장 큰 차이가 있다.

SaaS·클라우드 구독 아웃소싱은 소유가 아닌 사용을 기반으로 한 서비스 조달 방식으로, 범용 기능을 빨리 확보하고 총비용을 낮춘다. 최신 기술, 다양한 기능과 상시 운영을 구독 방식으로 도입하며, 일반적으로 사용량 기반으로 정산한다. 해당 제품에 의존하는 락인(Lock-In) 위험이 따르므로, 데이터 반출·표준 포맷·로그 접근 권한·연동 확장성·종료 조건·수수료 등을 최소한의 기준 조항으로 계약에 반영해야 한다. 제품 도입 과정에서도 사용자 계정·이벤트 관리·정보보호·API 사용 기준 등을 내부 표준으로 통합·유지하여 특정 제품에 대한 의존도를 낮추고 교체 가능성을 보존해야 한다.

공동 수행 아웃소싱은 가장 높은 학습 효과와 지식 이전을 제공한다. 공동의 신기술 개발, 전략적 프로젝트에 적합한 방식으로 고객사와 벤더가 하나의 백로그와 대시보드를 공유하고, 제품·설계·데이터·보안 책임자가 함께 의사결정한다. 단기적인 속도와 품질을 목표로 하지 않으며, 운영 난이도도 높은 편이다. 역할 경계와 책임 관리가 복잡하여 협력 원칙을 정의해야 하고 역할과 책임의 분담 매트릭스(RASCI)로 세분화하여 관리해야 한다. 품질 수준과 과업 범위의 변경 규칙, 의사결정 절차 등을 미리 합의해 실무자의 주관적인 판단이 아니라 협력 원칙과 규칙으로 운영되어야 한다.

다섯 모델은 서로 배타적이지 않다. 초기 탐색 단계에는 내부 주도로 인력 보강과 제한적 프로젝트형 아웃소싱을 섞어 빠르게 적용한다. 운영 안정화 국면에서는 관리형 운영으로 전환하여 적용해야 하고, 범용 영역은 처음에 SaaS 도입으로 가치를 조기에 확보하되, 시간이 지나 차별화가 필요해지면 공동 수행이나 내재화 개발로 경계를 다시 정의한다. 반대로 한때 핵심이던 영역도 시장에서 상품화되면 SaaS로 전환하는 편이 합리적이다.

결론적으로 반복되고 표준화가 가능한 영역은 관리형 운영, 차별화 가치가 낮은 범용 기능은 SaaS 도입, 경쟁 우위를 좌우하는 핵심 영역은 공동 수행 및 내재화, 초기의 속도 문제는 인력 보강, 과업 범위와 기한이 뚜렷한 업무는 프로젝트형이 기본 조합이다. 중요한 것은 한 번의 의사결정으로 이러한 조합을 확정하는 것이 아니라 정기적인 아웃소싱 업무 재배치, 즉 리밸런싱(Rebalancing) 과정을 거쳐야 한다는 점이다. 시장·기술·규제가 움직일 때 아웃소싱 포트폴리오도 신속하게 함께 조정해야 한다. 이 유연한 재배치 능력 자체가 AX 시대에 지속가능한 IT 아웃소싱의 경쟁력이다.

교통 체계처럼 설계하는 아웃소싱
도로가 원활해야 차가 제대로 달린다

오늘날 교통이 비약적으로 발달한 이유를 자동차 성능의 발전만으로 설명하기 어렵다. 아무리 빠른 슈퍼카가 있어도 신호등이 엉망이고 차선이 뒤엉키거나 진출입로가 좁다면, 그 차는 제 성능을 발휘하지 못하고 시속 10km도 달릴 수 없다. 핵심은 도로망의 구조·신호 운영·사고 처리·표지 체계 등의 교통 시스템을 체계적으로 갖추는 것이다. IT 아웃소싱에서도 마찬가지이다. 뛰어난 개발자와 최신 기술이 자동차라면, 아웃소싱 체계는 그들이 안전하고 빠르게 목적지에 도달하도록 설계된 교통 체계이다. 시스템과 규칙이 정교해야 개발 속도와 품질이 함께 향상된다. 반대로 좋은 차만 더 사 오자는 식의 개발 인력 충원과 새로운 도구를 추가하는 접근은 오히려 병목을 키운다.

교통 체계에 비유하여 IT 아웃소싱을 살펴보면 다시 보이는 것들이 있다. 우선 도로 설계에 해당하는 것이 통합 아키텍처와 표준 인터페이스다. 차선이 분명하고 교차로가 여유 있게 설계되어야 합류가 매끄럽듯 서비스 사이의 경계, API와 관제 이벤트 규약, 데이터 소유와 반출 기준이 명확해야 한다. 그래야 수행사나 제품이 바뀌거나 기능이 늘어도 충돌이 없다. 계획에 없던 공사나 돌발 정체가 생겨도 우회로가 잘 준비되어 있으면 전체 흐름은 무너지지 않는다. 교통 경찰과 관제센터는 SLA와 거버넌스에 해당한다. 카메라와 센서가 통행량과 사고를 실시간으로 모으고 관제센터가 신호 주기를 조정하듯, 시스템 로그와 관제 이벤트를 표준화하고 고객사와 수행사가 동일한 통합 대시보드를 보게 해야 한다. 이때 목표는 모든 것을 통제하는 것이 아니라 사실을 기반으로 공동 판단하는 것이다. 어떤 구간(서비스)이 느려졌는지, 어디에서 사고(장애)가 났는지, 왜 정체(지연)가 생겼는지 등을 동일한 데이터를 통해 빠르게 합의할 수 있어야 한다. 단속의 목적은 벌점이 아니라 교통 흐름의 정상화이듯, 운영 규칙도 누가 잘못했는지보다 교통 체계를 어떻게 개선할지에 초점을 둔다.

중앙 조직은 신호를 일일이 수동으로 바꾸는 대신, 신호 체계를 효율적으로 개선하고 포장된 길을 더 많이 제공하는 데 집중한다. 도시가 성장할수록 교차로 유형도 다양해진다. 신호등 교차로가 적합한 곳이 있는가 하면, 회전교차로가 효율적인 곳도 있다. 중앙 승인 방식의 거버넌스가 필요한 영역과 팀 자율에 맡겨도 되는 영역을 구분해야 한다. 팀의 복잡도를 넘어서는 순간이 오면 해당 기능을 플랫폼화하여 공통 차선으로 분리한다. 반대로 고객 가설 검증이 빈번한 서비스는 소규모의 DevOps 조직을 구성하여 자율성을 부여한다. 교차로마다 동일한 신호 체계를 강요하지 않고, 지형에 맞춰 유형을 고르는 도시공

학적 사고가 필요하다.

결국 아웃소싱의 성패는 누가 더 빠른 차를 몰고 왔는지가 아니라 도로와 신호를 어떻게 설계했는지에 달려 있다. 아웃소싱의 체계가 정교하게 설계되면 평균 속도는 자연히 올라가고 사고의 빈도는 줄어들며 피해는 국소화된다. 반대로 아웃소싱 체계가 허술하면, 아무리 화려한 기술과 인력을 모아도 교차로마다 경적만 울리게 된다. IT 아웃소싱도 교통 체계처럼, 원칙과 설계 철학에 따라 혁신의 흐름을 만들고 속도를 결정한다.

선택권 기반 아웃소싱 옵션 설계
선택 가능한 다양한 옵션을 계약에 심어라

아웃소싱 계약을 더 합리적이고 유연하게 만들려면, 고객사가 선택할 권리를 갖도록 계약을 재구조화해야 한다. 이러한 방식은 단순히 고객이 편하다는 차원을 넘어, 심리적으로 계약과 비용을 통제할 수 있다는 믿음과 함께 책임의 선명성을 동시에 제공한다. 수행사 입장에서도 세분화된 서비스 수준과 과업 단위를 기준으로 계약을 운영하면, 모호한 요구나 무한정한 범위 확장이 줄어들고 일과 대가의 대응 관계가 뚜렷해지므로 일하는 만큼 대가를 받을 수 있는 기반이 마련된다. 결과적으로 양측 모두가 무엇을, 어느 수준으로, 얼마나 제공·이용했는지 합의된 기준으로 소통하게 되어 분쟁 소지가 줄어든다.

AX 시대에 적합한 아웃소싱의 핵심은 옵션형 계약 구조로 전환하는 것이다. 먼저 서비스 영역을 상담·관제·개발·운영·테스트·배포 등의 업무 모듈로 쪼갠다. 각 모듈마다 과업 단위와 등급화된 서비스 수준을 정의해야 한다. 예를 들어 상담 운영 모듈은 비밀번호 재설정·청구 문의·해지·환불 등의 서비스 요청 유형과 난이도 구간을 제시하고, 유형별 목표 응답 시간·해결 시간·오류 허용 범위를 등급별로 정의한다. 개발 모듈은 기존 기능 변경·신규 기능 개발·결함 수정처럼 작업 패턴을 표준화하고, 각 단위 작업이 만족해야 할 테스트·보안·성능 기준을 명문화한다. 고객사는 수행 업무 범위와 서비스 품질 등급 등을 조합해 자신의 서비스와 운영 모델에 최적화된 계약을 스스로 설계하게 된다. 이렇게 되면 수행사는 사람을 몇 명 투입했는지가 아니라 사전에 합의된 서비스를 어떤 품질로 수행했는지를 기준으로 성과가 측정된다. 고객사는 자신들이 선택한 대로 서비스를 제공받으며 예산과 품질을 통제할 수 있다고 믿게 된다.

이 구조의 장점은 가격과 품질의 교환비율을 투명하게 만든다는 점이다. 예컨대 24/7 관제에서 99.5%와 99.9%는 단순한 수치 차이가 아니다. 고객사에서 더 높은 수준을 고르면 수행사는 교대 인력·백업 시나리오·자동화 범위·장애 대응 훈련까지 전반적인 수행 비용 구조가 바뀐다. 옵션형 계약은 이 차이를 사전에 보이는 선택지로 제시한다. 고객사는 성수기·규제 이벤트·서비스 출시 기간 등 상황에 따라 쉽고 빠르게 서비스 수준을 상향·하향 조정할 권리를 가진다. 수행사는 이러한 요청에 빠르게 대응할 수 있도록 준비하여 대가 체계를 미리 설명할 수 있다. 월 1회 혹은 분기 1회 등 정해진 변경 주기와 옵션 행사 규칙을 계약에 반영해 두면, "이번만 예외로 하자"는 요구가 줄어들고 계획적 조정이 가능해진다.

이 방식이 전통적 턴키·일괄 도급 방식의 아웃소싱 대비 가지는 우위는 세 가지다. 첫째, 서로 간의 논쟁과 업무의 불협화음이 줄어든다. 범위·품질 논쟁이 추상적 언어에서 벗어나, 선택된 단위 업무와 서비스 등급으로 구체화되어 다뤄진다. 둘째, 계약 협상과 변경 속도가 빨라진다. 고객은 실제 이용 패턴을 토대로 다음 분기의 조합을 조정할 수 있고, 수행사는 반복적으로 쓰이는 조합을 제품화·자동화하여 속도와 품질을 끌어올린다. 셋째, 비용의 예측 가능성과 유연성이 함께 높아진다. 기본 운영 비용은 고정 비용으로 최소화하고, 고객사의 선택과 요청에 따른 단위 업무 기준으로 정산하는 변동비를 중심으로 대가 체계를 설계하면 예산 통제가 쉬워지고, 상황 변화에 맞춰 조정이 가능해진다.

다만 선택지가 너무 많으면 의사결정 피로가 생긴다. 따라서 옵션은 다양하게 설계하되 표준 세트를 제공해야 한다. 예를 들면 "안정 우선 세트(운영 품질 상향, 변경 속도 완화)", "균형 세트(표준 등급, 월간 변경)", "속도 우선 세트(변경 속도 상향, 위험 대응 체계 강화)"와 같다. 표준 세트는 초심자에게 안전한 출발점을 제공하고, 숙련된 팀은 세트에서 시작해 부분 옵션을 추가·삭제하는 방식으로 미세 조정한다. 또한 옵션의 상호 제약을 명시해 좋은 것만 고르기가 불가능하도록 설계해야 한다.

마지막으로, 선택권 기반 계약은 조직의 역할도 정리해야 한다. 제품팀과 운영팀은 필요한 옵션을 선택하고 사용성과 품질에 집중한다. 플랫폼팀과 보안팀은 공통 도구와 표준 및 감사 체계를 제공한다. 계약

부서는 옵션 가격표·약정 관리·정산·분쟁 처리를 맡는다. 분기 리뷰에서는 무엇을 얼마나 선택했고, 결과가 어땠는지를 함께 확인하고, 다음 분기의 옵션 구성을 조정한다. 이렇게 선택→측정→조정의 프로세스가 자리를 잡으면, 계약은 단순히 대가를 지급하기 위해 필요한 문서가 아니라 운영을 가속하는 프레임이 된다.

요약하자면, 일괄 도급 방식의 아웃소싱은 빠른 변화와 학습이 필요한 AX 시대의 현실과 잘 맞지 않는다. 반대로 선택권을 중심에 둔 옵션형 계약은 고객에게 비용의 유연성과 통제감을 제공하고, 수행사에게는 제값을 받을 수 있는 공정한 보상을 약속하며, 양측 모두에게 속도와 예측 가능성을 선물한다. 제공되는 서비스의 과업 범위와 등급을 고객이 고르고, 사용량과 품질에 비례해 정산하며, 장기 약정 계약 등을 통해 합리적인 수준의 할인을 적용하고, 현실적인 상황을 고려해 부족한 부분을 조정한다. 이것이 미래 지향적이며 서로에게 유리한 아웃소싱 계약의 기본형이다.

공급자 표준의 시대, 가벼운 계약과 강한 운영

아웃소싱 비용을 전기 요금처럼 사용하고 관리하라

과거의 IT 아웃소싱은 수요자 중심이었다. 고객사의 표준 계약서로 한 번 크게 사서 오래 쓰는 방식이 일반적이었다. 그러나 SaaS와 클라우드가 보편화되며 AX 시대에는 계약의 주도권이 자연스럽게 공급자 측으로 이동했다. 힘의 문제가 아니라 상품 구조가 근본적으로 달라졌기 때문이다. 서비스마다 기능·요금·지원 범위가 제각각이고, 월 단위·사용량 기반·좌석 기반 등 과금 방식도 다르다. 이질적인 상품을 고객사의 표준 계약서에 억지로 끼워 넣으려고 해도 시장이 따라오지 않는다. 이제 필요한 것은 대규모 개발 구축 프로젝트, 대규모 IT 인프라 설비 투자가 아니라 전기 요금과 수도 요금처럼 사용한 만큼 비용을 지불하는 SaaS·클라우드 서비스의 상시 소비를 운영·관리하는 모델이다.

새로운 질서의 핵심은 두 가지이다. 작고 빠르게 도입하고 쉽게 교체한다는 원칙과, 사용량을 보며 비용을 체계적으로 통제한다는 원칙이다. 이를 위해서는 먼저 절차를 바꿔야 한다. 과거 방식의 방대한 분량의 표준 계약서와 느린 심사·검토·결재 라인을 모든 도입 과정에 동일하게 적용하면 조직은 시장 속도를 따라갈 수 없다. 대신 도입 절차를 크게 두 단계로 구분하여 진행해야 한다. 초기 도입 시에는 짧은 보안·법무 체크리스트, 데이터 소유 및 반출권, 기본 SLA, 개인정보 처리, 해지·이전 조건 등 핵심 조항만 통과하면 소규모로 바로 도입하여 사용해 본다. 이를 통해 기능과 사용성을 충분히 검증한 뒤에 확대 전환 여부를 결정한다. 확대 전환 시에는 60~90일 동안의 실사용 데이터를 근거로 성과·비용·위험을 평가한 뒤, 장기 약정과 할인 협상을 진행한다. 벤더의 설명이나 데모 시연이 아니라 고객사의 실제 사용 경험이 최종 계약의 근거가 되어야 한다.

계약서의 두께는 줄이되, 빼면 안 되는 최소 조항은 단단히 정의해야 한다. 공급자 표준을 최대한 존중하되 데이터의 소유와 반출 조항, 서비스 중단·장애 시의 통지와 크레딧, 로그·감사 접근 권한, 해지 시 데이터 보존·삭제 기한, 분쟁 시 관할, 가격 변경의 사전 통지·통제 방안, 거부권 등의 조항은 고객사의 원칙으로 명확하게 반영한다. 이 최소한의 기준 정책만 분명하면 나머지는 공급자 포맷을 큰 수정 없이 받아도 리스크를 통제할 수 있다. 요지는 최소한의 기준 정책은 간결하지만 명확하게 하고, 그 외 내용은 유연하게 운영하는 것이다.

다음은 비용 운영이다. 과거처럼 예산을 일괄 승인하고 분기 말에 영수증을 모아보는 방식으로는 새로운 환경을 제어할 수 없다. 매달 서비스의 사용량을 측정하고 단가와 함께 비용을 관리해야 한다. 좌석 수·요청 수·저장 용량·전송량·트래픽처럼 벤더에서 서비스 가격을 매기는 단위는 그대로 받아들여 내부에도 동일한 단위를 쓴다. 모든 청구 항목에 팀·프로젝트·제품 등의 태그를 붙여 누가 무엇을 얼마나 쓰는지 매달 보여준다. 성숙 단계에서는 실제 비용을 사업부서에 배분하고 비용에는 상·하한을 설정한다. 임계치를 넘기면 자동 경보로 사용을 조정하거나 일시 차단한다. 사전 약정·선결제 할인을 활용하더라도 유연한 비용 관리를 위해 보수적으로 접근하고, 과도하게 의존하는 것은 최대한 피한다. AX 시대에 IT 비용 절감은 구매 시점이 아니라 사용 과정에서의 최적화에서 더 크게 나온다.

사용량 모니터링은 사람이 아니라 관제 체계를 기반으로 시스템화해야 한다. 비용 추세·좌석 사용률·휴면 계정·사용량 급증 등의 신호를 주기적으로 점검한다. 일시적 이벤트와 구조적 낭비를 구분하기 위해 기준 정책과 계절성을 함께 본다. 3개월 연속으로 쓰임새가 낮은 도구는 자동으로 교체 검토 대상으로 올리고, 동일 기능군에서 더 나은 가격·경험의 대안이 확인되면 절차에 따라 교체한다. 이때 중요한 것은 대체 가능한지 검토하는 프로세스를 사전에 설계해 놓는 것이다. 로그인 방식·데이터 포맷·연동 인터페이스를 처음부터 공통 규격으로 맞춰 두면 교체 과정의 갈등이나 어려움이 줄어든다. 교체가 쉬울수록 공급자도 합리적 가격과 지원을 유지하려는 유인을 갖는다.

구매·법무·보안의 역할도 바뀐다. 심사관이 아니라 최소한의 기준과 기본 정책을 설계하는 가드레일 설계자가 되어야 한다. 민감 데이터의 지역 외 반출 금지 등 금지해야 할 항목, 데이터 소유·반출, 기본 암호화·접근 통제 등 필수 조건과 표준 점검 목록만 최소한으로 정의하고, 나머지는 사업부에서 자율적으로 검토하는 셀프서비스로 단순화해야 한다. 갱신·가격 변경·약정 만기 시점 등의 계약 정보는 한곳에 모으고, 60일 전 자동 알림과 경쟁사의 가격·사용률 데이터·지원 품질 수준 등 갱신에 필요한 체크리스트를 점검해야 한다. 갱신은 관성에 의존하지 않고, 데이터 기반으로 결정한다.

문화도 바꿔야 한다. 처음부터 완벽하게 선택하고 평생 쓰자는 사고에서 벗어나, 작게 써 보고 수치로 판단해 쉽게 바꾼다는 생각으로 이동해야 한다. 현장에 소액·단기 사용 권한을 주되, 태그·상한·교체 기준 등의 가드레일을 적용한다. 중앙 관리 부서는 금지·필수 알림·상한 등의 정책을 코드로 운영(Policy as Code)하고, 현장은 사용 결과와 경험을 서로에게 공유한다. 이 구조가 자리 잡으면 통제는 느슨해지지 않고 오히려 투명해진다. 누가, 무엇을, 왜 쓰는지가 공개되어 투명하게 보이면 불필요한 사용은 스스로 줄어든다.

마지막으로 보고의 언어를 바꾼다. 얼마나 썼는지가 아니라 사용해서 무엇이 좋아졌는지, 동일한 효과를 더 적은 비용으로 수행할 방법은 없는지를 확인해야 한다. 이렇게 질문을 바꿈으로써 서비스 단위로 도입 성과를 명확하게 관리하고 측정할 수 있다. 도입 목적·성공 기준·실제 지표·대안 비교·다음 분기 행동을 주기적으로 정리해서 관리해야 한다. 이 과정을 꾸준히 반복해야 조직은 공급자 표준 계약의 파도 속에서도 비용은 낮추고 성과는 높이는 프로세스를 운영할 수 있다.

공급자 표준을 기준으로 검토해야 하는 AX 시대에는 계약을 더 강하게 관리하는 방식이 아니라 초기의 계약을 간결하게 하고, 도입 이후의 운영 관리를 강하게 만드는 것이 중요하다. 데이터를 기반으로 통제하고, 교체를 전제로 설계하고, 최소 조항으로 권리를 지키고, 사용 현황과 비용은 실시간으로 모니터링하며 최적화해야 한다. 전기 요금과 수도 요금을 다루듯, 쓰임을 보고 즉시 사용량을 조절하는 체계로 가야 한다. 그렇게 해야 다양한 기술과 서비스가 뒤섞인 복잡한 환경에서도 조직은 빠르고 안전하게, 그리고 합리적인 비용으로 아웃소싱을 관리하여 성과를 창출할 수 있다.

AX 시대의 관계적 거버넌스의 중요성
단순 거래에서 공동 혁신으로 변화하는 방법

AI 기술은 이제 단순한 선택이 아니라 생존을 좌우하는 기반 기술이 되었다. 그러나 기업 내부의 역량만으로는 AI의 빠른 발전 속도를 따라가기 어렵다. 숙련된 전문가의 부족, 데이터와 인프라 확보의 한계, 그리고 규제 환경의 복잡성이 더해지면서 많은 기업이 AI 역량을 외부와 협력하는 방식으로 확보하고 있다. 따라서 아웃소싱은 불가피한 현실이 되었다. 하지만 AX 시대의 아웃소싱은 전통적인 IT 아웃소싱과 달리 단순한 비용 절감이나 업무 위탁의 차원을 넘어, 기업의 전략과 가치 창출 구조에 직접적인 영향을 준다. 따라서 아웃소싱 체계를 성공적으로 만들기 위해서는 기술적 요건을 충족하는 것만으로는 부족하고, 거버넌스를 어떻게 설계하는지가 핵심이 된다.

아웃소싱 거버넌스에는 크게 두 가지 축이 있다. 하나는 계약적 통제이고, 다른 하나는 관계적 거버넌스다. 계약적 통제는 법적 계약·SLA·성과 지표를 통해 수행사를 관리하는 방식이다. 반면 관계적 거버넌스는 파트너와의 신뢰·협력·공동 학습·심리적 계약 등의 비공식적이고 인간적인 요소에 뿌리를 둔다. 두 축은 대립하는 것이 아니라 보완적이다. 특히 불확실성이 커지고 있는 AI 기술과 관련된 영역에서는 관계적 거버넌스의 비중이 더욱 커진다.

계약적 통제는 여전히 중요하다. 기업은 파트너와의 협력에서 최소한의 기준을 명확히 해야 한다. 결과물의 품질·일정·비용·데이터·보안·법적 책임 등은 계약 문구로 명확하게 통제되어야 한다. SLA는 이를 수치로 담아내는 장치다. 예를 들어 AI 챗봇 시스템의 아웃소싱에서는 응답 속도·오류율 등의 품질 기준을 합의할 수 있다. 이는 파트너의 기본적인 운영 성과를 평가하고 분쟁을 예방하는 울타리가 된다. 하지만 계약만으로는 AI 기술의 특수성을 담아내기 어렵다. AI 모델은 데이터 환경이 조금만 바뀌어도 성능이 흔들리고, 설명하기 힘든 결과가 빈번히 발생하기 때문이다. 이러한 불확실성을 모든 계약 조항에 다 담아낼 수는 없다.

여기서 관계적 거버넌스의 필요성이 커진다. 관계적 거버넌스란 공식 문서에는 적히지 않는 신뢰와 기대, 상호 존중과 공동 목표의식에 기반을 둔 협력 방식이다. 특히 AX 시대의 아웃소싱에서 관계적 거버넌스는 단순한 보조 장치가 아니라 핵심 성공 요인으로 작동한다. 기술적 결과가 언제든 흔들릴 수 있는 상황에서 중요한 것은 문제가 생기면 서로를 탓하지 않고 어떻게든 함께 해결하는 태도다. 신뢰와 협력은 불확실성을 감내하고 앞으로 나아가기 위한 유일한 안전망이 된다.

관계적 거버넌스는 몇 가지 구체적 요소로 나눠 볼 수 있다. 첫째, 심리적 계약이다. 심리적 계약이란 문서화되지 않았지만 서로가 암묵적으로 기대하고 약속하는 사항을 뜻한다. 예를 들어 고객사는 파트너가 단순한 지시 수행자가 아니라, 문제 해결을 위해 적극적으로 아이디어를 제시할 것이라 기대한다. 파트너는 고객사가 불가피한 실패를 처벌하지 않고 학습의 기회로 인정할 것이라 기대한다. 이런 심리적 계약은 협력의 깊이를 결정한다. 아웃소싱에 심리적 계약이 동반되지 않으면 작은 의견의 불일치가 신뢰 붕괴로 이어질 수도 있다.

둘째, 공동 학습이다. AI는 고정된 기술이 아니라 끊임없이 실험과 개선이 필요한 영역이다. 따라서 고객사와 수행사가 동일한 데이터를 보고, 공동의 지표를 확인하며, 서로의 실험 결과를 공유하는 구조가 필수적이다. 공동 백로그와 공동 대시보드는 관계적 거버넌스의 핵심 도구다. 고객사의 데이터로 수행사에서 무슨 실험을 했는지 알려 달라고 요구하는 방식이 아니라, 함께 실험하면서 그 과정에서 배운다는 태도가 중요하다. 이는 성과를 공유하는 것을 넘어, 지식과 경험이 쌓이는 속도를 가속화한다.

셋째, 투명한 소통이다. 계약은 정기 보고를 요구할 수 있지만, 관계적 거버넌스는 일상의 대화 리듬을 설계해야 한다. 작은 문제도 즉시 공유할 수 있는 채널, 분기별 협력 리뷰 미팅, 프로젝트별 짧은 회고 세션이 여기에 해당한다. AI 기술이 적용된 IT 시스템의 불확실성은 작은 경고 신호에서 드러나기 때문에, 그 경고 신호가 고객과 파트너 사이에서 빠르게 공유되어야 한다. 투명한 소통은 단순히 회의 빈도를 늘린다는 의미가 아니라, 숨기지 않는 문화를 제도화하는 것이다.

넷째, 장기적 파트너십 지향이다. AX 시대의 아웃소싱은 단기 성과로만 평가하기 어렵다. 초기에는 실패가 잦고, 데이터나 환경이 바뀌면서 결과도 요동친다. 단기적 결과만으로 파트너를 교체하는 방식은 오히려 학습의 기회를 놓친다. 관계적 거버넌스는 단기 결과와 별개로 장기적 공동 목표를 합의하고, 일정 기간 파트너십을 유지하며 학습과 개선을 축적하는 방식으로 구현된다. 이는 파트너에게 심리적 안정감을 주고, 고객사에게는 지속적인 품질 향상의 토대를 마련한다.

관계적 거버넌스를 강화하면 몇 가지 효과가 발생한다. 우선 문제 해결 속도가 빨라진다. 문제가 발생했을 때 서로의 잘못을 따지기보다 함께 원인을 찾고 대책을 논의하는 문화가 시간을 절약한다. 다음으로 혁신이 촉진된다. 파트너는 고객사의 신뢰를 바탕으로 새로운 시도를 제안할 수 있고, 고객사는 파트너의 실패를 허용하며 더 큰 성과를 기대할 수 있다. 마지막으로 성과의 공유가 확대된다. 지표와 데이터를 공동으로 관리하면 그 성과는 특정 집단의 소유가 아닌 협력의 산물이 되고, 이는 다시 서로의 신뢰를 강화한다.

결국 AX 시대의 아웃소싱 거버넌스는 계약과 관계의 균형에서 완성된다. 계약은 위험을 명확히 하고 결과를 책임지게 만드는 장치다. 그러나 AI 기술의 불확실성은 계약만으로 감당할 수 없다. 관계적 거버넌스가 이를 보완해야 한다. 신뢰·공동 학습·심리적 계약이 있어야만 불확실성 속에서도 협력이 유지되고 실패가 혁신으로 전환된다. 기업은 AX 시대의 아웃소싱을 단순한 비용 절감의 도구가 아니라 전략적 파트너와의 공동 혁신의 장으로 바라봐야 한다. 그 과정에서 계약 조항은 울타리가 되고, 관계적 거버넌스는 혁신을 지속시키는 성장의 엔진이 된다.

3

사람에 대한 고민과 이해

아웃소싱의 출발점, 내부 역량 진단
내부를 알아야 외부를 살린다

아웃소싱은 외부에서 무엇을 살 것인지를 정하는 일이 아니다. 아웃소싱의 본질은 내부에 무엇이 있고, 무엇이 없으며, 무엇을 반드시 내재화하여 가지고 가야 하는지를 판별하는 데서 시작된다. 내부의 상황과 역량을 모른 채 외부의 자원을 선택하기 시작하면 수행사·벤더의 복잡한 가격표와 화려한 레퍼런스에 끌려가게 되고, 계약이 시작되면 외부 환경과 요구 사항이 흔들릴 때마다 업무 범위와 책임이 모호해진다. 반대로 내부 역량에 대한 이해가 명료하면, 무엇을 사고, 어디에서 통제하며, 어디까지 위임할지, 어떤 지표로 성과를 관리할지 등을 자연스럽게 결정할 수 있다. 그래서 아웃소싱의 시작은 벤더 탐색이 아니라 자기 진단이다.

자기 진단의 핵심은 내부의 사람·제품·프로세스를 더 깊게 보는 것에서 시작된다. 사람(People) 측면에서는 제품 책임자, 아키텍트·보안·데이터·운영 리더 등 결정권과 판단력을 가진 전문가가 충분한지와 새로운 기술을 해석하고 우선순위를 정할 수 있는 역량을 보유하고 있는지가 중요하다. 제품(Product) 측면에서는 소스 코드 개발과 테스트·배포 자동화 도구, 로그·관제 체계, 문서·아키텍처 기록, 데이터 품질, 정보 보안 등의 보이지 않는 내부 혁신의 토대가 잘 갖춰져 있는지 본다. 프로세스(Process) 측면에서는 요구가 바뀔 때 어떻게 결정하고, 실험을 어떻게 검증하며, 장애·리스크를 어떤 규칙으로 처리하는지를 점검한다. 한마디로 자신의 조직이 외부의 전문가와 서비스가 들어와도 성능과 품질을 일관되게 만들 수 있는 경험과 역량을 충분히 보유하고 있는지를 검증하는 일이다.

내부를 잘 알아야 아웃소싱 비용도 제대로 볼 수 있다. 종종 인건비만 비교할 때 외부가 비용적으로 더 저렴해 보일 수 있지만, 실제 총 소유 비용에는 24/7 운영·보안·감사 대응·장애 대응·업무 전환·지식 이전까지 모두 포함된다. 세부적으로 들여다보면 내부에서 직접 하는 편이 싸고 빠른 영역도 있으며, 반대로 외부의 규모와 자동화가 압도적으로 유리한 영역도 있다. 예컨대 협업 도구·로그·인증 플랫폼은 외부에서 도입하는 방식이 효율적이지만, 가격 정책 엔진이나 핵심 데이터 모델처럼 경쟁 우위를 좌우하는 차별화 요소는 고객사가 직접 만들고 보유하는 편이 합리적이다. 이 경계는 무엇이 핵심(Core)이고 무엇이 맥락(Context)인지 내부 역량의 지도를 그려 보아야 분명해진다.

또 한 가지 중요한 점은 통제 포인트를 고객사 중심으로 설정하는 일이다. API·이벤트 규약·데이터 소유권·대시보드·품질 등의 기준을 내부에서 명확히 정의하고 관리하면, 어떤 수행사·벤더와 아웃소싱 계약을 하더라도 교체 가능성과 품질 일관성을 확보할 수 있다. 반대로 이 기준을 외부에 위탁하면 단기간은 편하지만 장기적으로는 외부 의존과 불투명성에 갇힌다. 아웃소싱은 단순히 외부에 업무를 맡기는 것이 아니라, 무엇을 내부에 보유하고 무엇을 외부에 맡길지 경계를 설계하는 일이 핵심이다.

결국 아웃소싱을 고민한다는 의미는 내부를 정밀하게 들여다보고, 반드시 쥐고 갈 것과 맡길 것을 구분하는 것이다. 그리고 사람·자산·프로세스의 기초 체력을 먼저 다지고, 통제 포인트와 지표를 고객사 측에 세워야 한다. 그러면 다양한 벤더의 제안은 대체 가능한 부품처럼 비교가 가능해지고, 계약은 사람의 인원수가 아니라 결과물·품질·성과를 기준으로 설계할 수 있다. 내부를 정확히 알아야 외부를 잘 고를 수 있다.

내재화와 외주화의 경계 설정

역량은 내부에 확보하고, 규모는 외부에서 빌린다

2007년 아이폰 발표에서 스티브 잡스는 컴퓨터 과학자 앨런 케이의 격언을 인용해, 소프트웨어를 진지하게 다루는 조직이라면 하드웨어까지 직접 통합해야 최고의 사용자 경험을 만들어 낼 수 있다고 강조했다. 이는 외형의 디자인을 넘어 센서·터치·운영체제·애플리케이션의 작동 방식 자체가 긴밀히 맞물릴 때 비로소 사용자가 체감하는 품질이 기하급수적으로 상승한다는 주장이다. 동일한 맥락에서 그는 고급전자제품의 생산이 미국이 아닌 중국에 집중된 이유를 유연한 숙련 인력의 대규모 동원과 생태계의 기민함으로 설명했다는 보도가 있었다. 수천 명의 숙련 노동력을 단기간에 투입하고, 설계 변경에 야간·주말없이 즉시 대응하는 능력은 당시 미국 제조 생태계가 따라잡기 어려운 강점이었다. 즉 애플은 생산은 외부의 규모와 민첩성을 활용해 외주화하면서도, 사용자의 경험을 규정하는 설계와 소프트웨어, 보안과 생태계 운영은 끝까지 내재화해 통제 권한을 놓지 않았다.

이 사례가 던지는 메시지는 분명하다. 아웃소싱은 결핍된 역량을 채우는 하청 그 자체의 문제가 아니라 무엇을 소유하고, 무엇을 임대하며, 어느 경계에서 두 세계를 접합할지를 결정하는 설계 행위이다. 따라서 아웃소싱 전략의 출발점은 기능 목록이 아니라 통제 포인트다. 고객 경험·데이터 구조·핵심 알고리즘·보안 체계 등의 경쟁 우위를 규정하는 지점은 소유·통제를 전제로 설계해야 한다. 반면 범용화된 인프라, 표준화 가능한 운영, 계절적 변동이 큰 수요 대응 등은 아웃소싱을 통해 규모 경제를 활용하는 편이 합리적이다. 이때 선택 기준은 단순한 인건비 비교가 아니라, 해당 투자·지식이 다른 용도로 전용되기 어려운 정도인 자산 특수성·전환 비용·규제·보안의 외부효과까지 포함한 총 소유 비용과 기회 비용이어야 한다.

따라서 내부에 그 기술이 없으니 아웃소싱 하자는 방식의 단순한 결론은 위험하다. 내부에 어떤 역량이 없다는 사실 그 자체가 외주화 필요성에 대한 근거가 될 수 없다. 오히려 그 역량이 장기적으로 경쟁 우위를 좌우한다면, 지금 다소 부족하더라도 내부 인재를 채용·육성하고, 시간표와 범위를 조정해 내재화의 비중을 서서히 키워야 한다. 반대로 "우리도 만들 수 있다"는 자신감만으로 모든 것을 내부 개발하려는 태도 또한 성급하고 무모한 선택이다. 범용 기능을 자체적으로 개발하는 동안 시장의 요구는 바뀌고, 외부 생태계는 더 빠르게 발전한다. 아웃소싱의 핵심은 내재화와 외주화의 최적 경계를 발견하고 지속적으로 재조정하는 능력, 즉 동태적 역량이다.

이 지점에서 소프트웨어 산업의 문화와 속도에 관한 논의는 전략적

함의를 갖는다. 마크 저커버그가 강조하는 빠르게 움직이며 배우는 문화는 불확실한 문제를 작은 실험으로 분해하고 학습 속도를 높이는 운영 철학의 표현이었다. 다만 이 철학을 외부 파트너에게 그대로 요구할 수 있느냐는 전혀 다른 문제다. 혁신의 속도는 계약의 구조, 거버넌스·아키텍처 수준, 개발·테스트·배포 파이프라인 자동화 등이 결정한다. 고정 범위·고정 대가 기반의 방대한 계약 조건에서는 빠른 학습이 이루어질 수 없다. 반대로 결과지표와 사용량에 연동된 보상, 사전 합의된 변경 규칙, 배포 전략을 전제로 한 위험 국소화, 샌드박스 환경 등의 제도적 장치가 있어야 외부도 내부만큼 빠르게 움직일 동인이 생긴다. 결국 외주가 느리다는 통념의 절반은 조직이 스스로 만든 구조적인 제약에서 비롯된다고 할 수 있다.

또한 아웃소싱 전략은 인재 전략과 분리해 논의될 수 없다. 수준 높은 개발자를 영입할 수 있는지, 영입하더라도 글로벌 빅테크의 학습 속도·개발 도구·데이터 규모와 경쟁할 수 있는지, 현재의 비용 구조로 사업성을 맞출 수 있는지 여부 등의 질문들에 대한 냉정한 답이 소유와 임대의 경계를 바꾼다. 내부는 아키텍처·데이터·보안·거버넌스·성능·품질 역량처럼 판단과 학습을 관장하는 두뇌를 갖추고, 외부는 대규모 개발·테스트·운영의 손발을 기민하게 제공하는 체제로 분업을 설계하는 것이 일반적인 수렴점이다. 필요하다면 외부의 실행력을 당장 활용하되 지식·운영을 단계적으로 내부 이전하는 경로를 설계할 수 있다.

끝으로 아웃소싱 전략을 수립하는 것은 일회성 구매 행위가 아니라 지속적으로 가설을 세우고 보정하는 운영 행위이다. 시장의 요구·규제·기술 곡선이 바뀌면 정답도 바뀐다. 따라서 전략 문서에는 단지 현재의 경계선뿐 아니라, 경계를 이동시키는 조건과 절차가 함께 들어가야 한다. 의사결정은 가역적·비가역적 선택을 구분해 다뤄야 한다. 가역적 의사결정은 빠르게 시도하고 빠르게 되돌리며 학습을 최대화하고, 비가역적 의사결정은 심층 검토와 심사를 통해 위험을 줄인다.

아웃소싱은 단순한 비용의 함수가 아니라 학습 속도와 통제 권한의 함수다. 제품의 가치와 사용자 경험을 규정하는 통제 포인트는 내부에서 강하고 집요하게 관리하고, 외부의 규모와 기민함은 주저 없이 빌려 쓰되 언제든 교체할 수 있는 구조를 미리 설계해야 한다. 그러면 내부에서 모두 직접 수행해야 할지 외부에 맡겨야 할지 고민하는 소모적 양자택일을 넘어, 내부의 판단과 외부의 실행이 한 시스템처럼 움직이는 전략적 균형점에 더 가까이 다가갈 수 있다.

협업이 살아나는 계약·운영 분리 원칙
계약은 도구이고 사람이 목적이다

조직은 모든 것을 기록하고 수치로 환산해 정량적으로 표현할 수 있는 요소들만 사실이라고 말하고 싶어 하는 경향이 있다. 그런 경향이 있는 구성원들은 아웃소싱에서도 투입 시간과 작업 단계를 세분화하여 측정하고 기계적으로 그 결과 그대로 대가를 지급하면, 계약이 보다 체계적이고 공정해진다고 믿는다. 그러나 IT 아웃소싱에서 협업의 핵심은 계약과 숫자가 아니라 구성원들의 동기이다. 계약은 목적을 이루기 위한 도구이고, 대가 지급은 그 도구를 움직이게 하는 연료일 뿐이다. 근본적인 질문은 "우리 회사가 고용하지 않은 다른 회사의 사람들이 우리의 목표를 위해서 자신의 일처럼 주도적으로 추진하게 만들 수 있는가"라는 것이다. 과도한 업무 측정과 비용 이슈가 빈번해지고 일상화되는 순간, 현장에서 고객사와 수행사는 동일한 목표를 향하는 동료가 아니라 돈을 주는 쪽과 돈을 받는 쪽으로 나뉘고, 수행사의 주체성은 빠르게 사라진다. 협업은 거래로 축소되고 품질과 속도, 창의성은 동시에 약해진다.

이러한 문제를 해결하기 위한 가장 중요한 첫 번째 원칙은 계약과 운영의 분리이다. 단가·정산·감사 등의 계약 업무는 소수의 전담 담당자에게 집중하여 통합하고, 제품·개발·운영팀은 고객 가치·혁신·일정·품질·위험 관리 등 본질적인 업무에만 몰입하게 해야 한다. 이때 운영과 계약을 잇는 통로는 얇고 간결하게 유지한다. 정산 주기는 월 또는 분기 단위로 정의하고, 정산의 근거 자료는 미리 합의한 데이터로만 사용하며, 측정이 누락된 부분은 보수적 기준으로 보정하고 사후에 현행화하여 조정한다. 분쟁 창구도 한곳으로 일원화한다. 이렇게 하면 현장의 대화는 자연스럽게 이 업무가 고객사의 목표와 핵심가치에 도움이 되는지 검토하는 방식으로 수렴되고 이 일을 하면 수익이 줄어들지, 비용이 늘어날지 등의 논의는 백오피스로 격리된다. 현장은 목표와 문제 해결에 집중하고, 계약 부서는 뒤에서 조용히 이슈를 조정하고 정확도를 보완하는 구조가 되는 것이다.

두 번째로 계약 때문에 운영이 흔들리지 않도록 보호해야 한다. 현실에서 가장 흔히 하는 실수가 계약의 정확성을 이유로 운영 업무에 절차·승인 단계·기록 항목을 늘리는 것이다. 이러한 경우 운영팀은 측정 기준에 맞춰 일하게 되고 목적이 사라지게 된다. 클릭 수를 근거로 정산하려고 배포 단계마다 확인 절차를 끼워 넣으면 속도는 떨어지고 장애 복구 시간은 길어진다. 이런 숨은 비용은 장부에 잘 드러나지 않지만 점차 늘어나게 되고 본질적인 고객 경험을 갉아먹는다. 반대로 계약팀이 운영 부서를 방해하지 않는 방식으로 데이터를 모으고, 자동 수집된 기록을 표준 형식으로 가공해 정산에 쓰며, 누락은 분기 말에 보수적으로 보정하면 된다. 그러면 운영의 리듬은 유지되고 계약의 정확성도 충분히 확보된다. 계약이 업무를 편하게 만드는 윤활유가 되어야지, 브레이크가 되어서는 안 된다. 운영의 문제점은 계약을 바꿔서 해결할 수 있지만, 반대로 계약의 문제점은 운영을 바꿔서 해결할 수 없으며 그렇게 하는 것은 적절하지도 않다.

세 번째 원칙은 사람들의 동기를 설계하는 것이다. 일하는 방식의 자율성이 보장되고, 일하는 목적이 명확할 때 성과와 창의성이 나온다. 매일 비용·단가·평가가 입에 오르내리면 누구도 새로운 시도를 하지 않는다. 수행사는 모든 업무 요청에 대해 청구 가능한 비용을 먼저 떠올리게 되고, 고객사는 깎을 수 있는 비용부터 생각한다. 이 악순환을 끊으려면 일상의 대화는 가치·목표·가설·테스트·학습으로 채우고, 비용과 관련한 논의는 최소화하여 분기 혹은 반기 단위로 제한해야 한다. 성과 보상은 결과 지표에 연동한다. 예를 들어 안정 목표 달성, 고객 만족도, 처리 시간 개선과 1차 처리율 상승을 동시에 달성하는 것을 보상 기준으로 정의한다. 업무를 자동화하거나 새로운 도구의 도입으로 절감된 비용은 일정 기간 동안 서로 이익을 공유하고, 이후에는 단가를 단계적으로 낮추는 규칙을 계약에 포함시킨다. 그러면 수행사는 능동적 혁신에서 이익을 얻고, 고객사는 지속 가능한 비용 구조를 확보할 수 있다.

마지막으로, 책임의 관리 방식과 방향을 분명히 해야 한다. 운영 성과가 흔들릴 때 혁신의 속도는 줄이고, 회복되면 다시 속도를 높이는 규칙을 미리 정해 두어야 한다. 그러면 속도를 올리려는 팀과 안전을 지키려는 팀의 갈등이 줄어들고, 모두가 동일한 방향을 바라본다. 계약의 세부적인 조건도 이런 규칙과 맞물리게 설계한다. 목표한 기준 대비 성과가 좋아지면 인센티브나 요율 인하가 자동으로 발동되고, 악화가 이어지면 감액이나 범위 조정이 자동으로 적용되게 한다. 계약과 대가가 서로의 행동을 밀어주는 부드러운 레일이 되는 순간, 서로 간의 협력은 자연스럽게 목표로 정렬될 것이다.

AX 시대에 아웃소싱의 주연은 사람이다. 숫자와 계약은 필요하지만 주연이 아니다. 계약과 운영을 분리하여 계약이 업무의 흐름을 흔들지 않게 만들고, 구성원들의 동기를 설계한다. 검증 결과를 시스템에 남기게 하고, 규칙으로 균형을 맞추면 협업은 거래를 넘어 공동의 성취로 변한다. 그때 비로소 외부의 사람들이 고객사의 목표 달성을 위해 자기 일처럼 노력하는 장면이 현실이 된다.

성과 중심의 공정한 계약
인원수가 아닌 결과로 말한다

합리적인 비용 관리는 얼마나 많은 인력을 투입했는지가 아닌, 어떤 성과를 얼마나 잘 이루었는지를 기준으로 설계해야 한다. 특히 한국에서는 하도급·파견 관련 규제로 인해 고객사가 외부 인력 개인에게 직접 지시·감독을 하는 방식은 법적 위험을 키울 수 있다. 따라서 현대적 아웃소싱 계약의 중심은 사람 자체를 관리하는 것이 아니라, 역할과 요구 역량을 문서로 분명히 하고 결과 지표로 성과를 확인하는 체계에 두어야 한다. 이는 법적 위험을 줄이면서도 전문성을 살릴 수 있는 방식이다.

IT 아웃소싱의 업무는 크게 세 가지 유형으로 나눌 수 있다. 첫째는 입력형(Input) 아웃소싱이다. 24시간 관제나 상담처럼 인력 배치와 근무 시간 충족 자체가 업무의 본질인 경우가 여기에 해당한다. 이 영역은 스케줄 준수율, 이탈률, 교육 이수율 등의 지표로 관리하는 것이 적절하다. 둘째는 산출형(Output) 아웃소싱이다. 티켓 처리·개발·테스트·기술 지원 등의 산출물과 그 산출물의 품질이 핵심인 업무다. 이 분야는 처리 시간·작업 성공률·결함 밀도로 성과를 본다. 셋째는 결과형(Outcome) 아웃소싱이다. 서비스 가동 시간·전환율·VOC(Voice of Customer)처럼 고객사의 사업 성과와 신뢰에 직결되는 항목이다. 이 영역은 목표 수준 충족률, 오류 예산 소진 여부 등의 상위 지표로 관리한다. 하나의 팀 안에서도 업무를 이 세 가지 유형으로 나눠 과금·지표·보상·감액 규칙을 다르게 적용하면 책임과 인센티브가 분명해진다. 또한 아웃소싱 구성원들은 자신이 속한 부서의 다양한 대가 체계와 인센티브 등의 여러 제도가 혼용되는 상황에 대한 의문이 사라진다. 업무 유형이 다르면 값의 계산법도 달라지는 것이 자연스럽기 때문이다.

단가와 요율 계산은 사람이 아니라 업무 단위로 책정해야 한다. 수행 역할·필수 역량·성과 기준을 업무 범위 명세서(SOW, Statement of Work) 수준으로 명확히 정의하고, 필요시 역량 등급표로 투입 기준을 규정한다. 과금은 업무 성격에 맞춘 단위 요율을 쓴다. 운영·개발은 처리·변경 건, 인프라 운영은 설비 수 혹은 클라우드 사용료, 품질은 테스트 시나리오, 관제·상담은 좌석 수처럼 관리 가능한 업무량 측정 기준이 있어야 한다. 야간 근무·주말 근무·보안 심사·상주 여부·외국인 개발자 투입 가능 여부 등의 세부 조건과 특성은 가산 계수로 투명하게 반영한다. 또한 계약 물량이 증가할수록 단계적 할인이 자동으로 적용되도록 해야 한다. 장기 계약에는 물가 상승과 환율을 연동하되, 연동 수준의 상·하한을 함께 반영해 예측 가능성을 확보한다. 이런 계약 구조에서만 현장은 인원을 얼마나 투입했는지가 아니라, 무엇을 얼마나 달성했는지 성과를 검토하는 회의가 가능해진다.

운영 원칙도 간단하다. 고객사는 '무엇과 왜'를 책임진다. 목표·제약·우선순위·평가 기준을 분명히 제시한다. 수행사는 '어떻게'를 책임진다. 해결 방법·팀 구성·도구 선택 등을 자율적으로 설계하고 결정한다. 책임의 경계를 역할별로 세분화하고, 양측이 공유하는 공동 백로그 목록을 월·분기 단위로 운영하면서 최신화한다. 범위나 물량이 바뀌면 가격·일정이 규칙에 따라 자동으로 조정되도록 해야 한다. 사정이나 문제가 생겼기 때문에 예외적으로 조정하는 것이 아니라, 사전에 합의한 규칙과 절차에 따라 자연스럽게 조정되도록 운영해야 한다.

다음은 자동화와 성과 배분에 대한 합의다. 최근 자동화는 단순 반복 업무만 줄이는 것뿐 아니라 개발·테스트까지 포함하며 실제 업무의 속도를 폭넓게 바꾼다. AX 시대에는 운영 분야뿐 아니라 개발 업무도 AI 기술을 적용한 자동화 도구나 Agent가 직접 수행한다. 이때 혁신의 성과에 대해 누가 이득을 가져가는지를 미리 정하지 않으면 갈등이 커진다. 해결 방법 중 하나는 수행 비용 일부를 AX 혁신 기금으로 공동 적립해 AI 자동화 투자에 사용하는 방식이다. 합의한 기준보다 실제 아웃소싱 비용이 절감되면 일정 기간 동안 성과를 상호 공유한 뒤, 이후에는 아웃소싱의 대가를 낮춰 고객사 쪽으로 완전히 귀속한다. 만약 AI 기술과 Agent 개발 등을 고객사가 직접 투자해 도입했다면 그 라이선스 비용은 고객사가 부담하되 그 효과만큼 아웃소싱의 비용은 즉시

인하하는 것이 공정하다. 혁신 도구를 수행사가 자체 도입했다면 계약 기간 동안 수행사의 투자 성과를 모두 인정하고 이후 갱신 계약 시 재협상한다. 이렇게 해야 자동화를 서로에게 이익이 되는 프로젝트로 만들 수 있다.

AX 시대의 아웃소싱 계약은 사람을 사는 일이 아니라, 결과물을 사고 그 성과를 검증하는 일에 초점을 둔다. 업무 유형을 단순·명료하게 나누고, 업무 단위를 기준으로 값을 매기고, 함께 성과를 검증하고, 혁신의 이익을 나눌 규칙을 선제적으로 정의해야 한다. 그러면 비용은 통제되고, 품질은 올라가며, 고객과 수행사가 함께 빠르게 배우는 관계가 된다. 이 구조가 자리 잡을 때, 투입되는 사람 몇 명인지 질문하는 사람은 사라지고, 무엇을 얼마나 잘했는지를 서로 논의하게 된다. 그것이 가장 공정하고 가장 강력한 비용 관리의 원리다.

계약을 넘어서는 일상의 대화 설계
구성원들의 소통과 협업을 디자인하다

　모든 것을 원칙과 계약으로 해결하려는 태도는 이상적으로 보이지만 복잡한 현실을 온전히 담아내기는 어렵다. 계약 조항은 경계를 설정해 주지만, 창의적 문제 해결은 종종 그 바깥에서 일어난다. 특히 구성원들의 판단과 해석이 연속적으로 개입되는 IT 아웃소싱에서는 계약만으로는 속도와 품질을 담보하기 어렵다. 계약은 목적 달성을 위한 최소한의 필요조건이고, 지속적인 비업무 소통과 소소한 진행 사항의 상호 공유, 그리고 논쟁을 두려워하지 않는 토론 문화는 충분조건이다.

　모든 문제를 계약 조항에만 의지해서 해결하려는 아웃소싱 문화에서 수행사는 계약에 순응하는 듯한 수동적인 연극을 하게 된다. 보고서와 증빙은 늘어나지만, 업무가 막히는 문제는 방치되고 위험 신호는 실무자들 사이에서 묻혀 버린다. 반대로 일상적으로 업무 대화가 가능한 팀은 작은 징후를 일찍 포착한다. 고객의 행동이나 질문이 미세하게 달라졌다는 등의 미세한 변화가 금세 논의 테이블 위에 올라온다. 문제가 커지기 전에 드러나고, 오류 수정은 빠르게 이루어진다. 정책으로 통제하는 것보다 관계로 조율하는 것이 더 안전한 이유가 여기에 있다.

비업무 소통이 수다와 잡담을 권장하자는 뜻은 아니다. 이는 업무와 직접적으로 연결되지 않는 맥락·의도·분위기·감정을 공유하는 가볍고 빈번한 접촉을 뜻한다. 고객의 기대치가 어디에 있는지, 다음 분기에 사업의 무게 중심이 어느 영역으로 이동하는지, 현장 담당자가 실제로 무엇을 부담스러워하는지 등의 이야기들이 그 범주에 포함된다. 이 정보는 문서로 정리되기 전에 먼저 관계를 타고 흐르는 경향이 강하다. 소통과 협력의 관계가 없으면, 문제는 뒤늦게 돌이키기 힘든 상태에서 차가운 문서로 도착한다.

커뮤니케이션은 작고 단순할수록 지속된다. 매일 10~15분 스탠드업 미팅 등을 통해 어제 막힌 문제와 오늘 시도할 것, 서로가 도와줄 것만 간략하게 공유한다. 주 단위로 아직 완성되지 않은 진행 경과를 보여주고 그 자리에서 피드백을 받는다. 각 팀은 공동의 업무일지와 백로그를 관리한다. 의사결정뿐 아니라 검토한 내용과 맥락, 실패한 시도까지 모두 남긴다. 긴 글 대신 한 문장 요약과 신호등 상태로 서로의 이해를 맞춘다. 이때 위험 신호가 작동하더라도 비난받지 않는다는 심리적 안전이 토론의 전제가 되어야 한다.

대화의 질을 올리려면 언어의 위계를 낮춰야 한다. 질문은 단순할수록 좋다. 왜 안 됐는지가 아니라 무엇을 시도했고 어떤 결과였는지를 묻는다. 상대방에게 단정적인 결론 대신 가설, 근거와 다음 테스트 계획을 함께 요구한다. 회의는 결론이 아니라 다음 행동으로 끝난다. "테스트 A는 2주 안에 실행하며, 성공 기준은 무엇이고, 실패 시 대안은 무엇이다"와 같이 합의해야 한다. 문서가 필요할 때는 한 페이지 메모로 충분히 설명하도록 훈련한다. 문서의 길이는 권위를 만들지 않는다. 오히려 명료함이 신뢰를 만든다.

리더의 역할은 구성원들에게 의사결정에 대한 맥락을 제시하고 설명하는 데 있다. 회사의 전략과 우선순위, 예산 제약을 숨김없이 설명하고, 왜 이러한 결정을 내렸는지 조직의 의사결정 과정을 대화를 통해 공유한다. 리더가 의심과 망설임을 먼저 드러내면 팀은 미완의 아이디어를 두려움 없이 내놓는다. 또한 리더는 대화의 리듬을 유지하고 보호해야 한다. 분기 계획 전에 부서 간 협의체, 월 정기 성과 리뷰·회고 등을 운영한다. 긴급 이슈는 즉시 모여 30분 안에 가설과 임시 조치를 결정한다. 혁신의 속도를 유지하는 장치는 세부적인 계획이 아니라 소통의 리듬이다.

계약은 무력화시키지 말고 대화의 기준으로 사용하면 된다. 계약서에는 규칙을 정의한다. 공동 회의의 주기, 데모 일정, 피드백 처리 기한, 분쟁의 해결 절차와 의사결정 창구를 명시한다. 잘못에 대한 벌칙은 최소한으로 두고, 정보의 지연·은폐에 대해 강하게 대응한다. 지연과 은폐는 대화를 죽이고, 대화가 죽으면 품질이 저하된다. 반대로 성실한 시도·빠른 공개·협업에는 인센티브를 붙인다. 계약의 기준과 정책의 조정은 분기 혹은 반기 단위로 모아 처리하고, 일상 운영에서는 가격보다는 가설과 실험, 개선 방향을 논의하게 만든다.

원칙에만 기대는 문화가 낳는 함정은 경험 없는 자신감과 책임의 증발이다. 조항을 잘 외우더라도 실제 현장에서는 작은 비틀림 하나에 전부 흔들릴 수 있다. 반대로 관계의 문화는 작은 배려의 누적에서 생긴다. 메신저에서 질문에 신속히 반응하고, 상대의 문서를 예의 있게 고치고, 공로를 공개적으로 인정하며, 잘못은 차분히 분해해 학습을 통해 개선하는 문화가 필요하다. 이런 관행을 한마디로 표현하면 '서프라이즈 금지'다. 좋은 소식이든 나쁜 소식이든 어느 누구에게도 불쑥 통보되는 일이 없도록 해야 한다.

원칙은 분명 필요하지만 원칙만으로는 조직이 정체되기 쉽다. 진정한 창의성은 사람들 사이의 활발한 소통에서 만들어진다. 그래서 아웃소싱 관리자는 계약서의 문장만 다듬지 말고, 조직 내 구성원들의 대화 습관과 리듬을 디자인해야 한다. 캐주얼하고 지속되는 접촉 방법, 주기적인 정보의 공유, 신속하고 체계적인 이슈 대응, 효율적인 의사결정, 심리적 안전을 지키는 리더의 언어 등에 대한 섬세한 설계가 필요하다. 이 장치들이 동작할 때 계약은 분쟁의 방패를 넘어 협업의 가속 장치가 된다. IT 아웃소싱도 결국 사람들이 만드는 것이다. 그러므로 원칙을 세우고 구성원들 간의 신뢰라는 엔진을 바탕으로 조직을 앞으로 나아가게 해야 한다.

일관된 핵심가치 운영
북극성을 세우고 매 순간 맞춘다

큰 배의 방향을 바꾸려면 한 번의 구호로는 부족하다. 동일한 말을 여러 번·여러 곳에서·여러 방식으로 반복해야 조직의 기억과 행동이 바뀐다. 아웃소싱도 마찬가지이다. 핵심가치를 정하고 계약 문장부터 회의 안건, 협의체 운영, 평가지표, 일하는 습관까지 그 핵심가치가 계속 반영되도록 설계해야 한다. 이 핵심가치가 없다면 의사결정은 매번 원점에서 시작되고, 부서마다 자기 논리로 움직이며, 비용·속도·품질·보안 사이의 충돌은 회의실마다 다른 단기적인 해법으로 봉합된다. 이와 반대로 변하지 않는 궁극적인 지향점, 즉 북극성이 있으면 동일한 상황에서 동일한 결론으로 모이며 갈등의 에너지가 소모되지 않고 추진력으로 전환된다.

핵심가치는 구호가 아니라 선택의 기준이어야 한다. 적극적 사업지원·비용 절감·품질·보안·구조적 혁신 등의 단어를 택했다면, 그것을 어떻게 고르고 무엇을 포기할지까지 모두 포함하여 그 선택을 구성원들의 언어로 번역해야 한다. 예를 들어 사업지원이 최우선이라면 출시 시점을 지키기 위해 비핵심 기능을 과감히 덜어 내는 결정을 정당화하고, 정보 보안이 절대적으로 중요하다면 편의성을 희생해도 반드시 지켜야 할 핵심 항목들을 계약에 명확하게 반영한다. 혁신을 핵심 목표로 삼는다면 일부 단기적인 운영 효율이 떨어져도 실험과 학습에 쓰는 시간을 예산 계획에 반영한다. 핵심가치가 선언에서 끝나지 않게 하려면 무엇을 하지 않을지까지 명확하게 적어 두고 이를 잘 공유해야 한다.

이러한 핵심가치는 계약 문서의 첫 장에서 시작해 마지막 장까지 흘러가야 한다. 계약에는 핵심가치가 내재되어 있는 조항을 분명히 넣는다. 우선순위 규칙, 변경·승인의 기본 방향, 위반 시 자동으로 적용되는 통제 절차와 성과를 나누는 방식 등의 문구가 그것이다. 협의체는 핵심가치에 비춘 판단의 자리가 되어야 한다. 안건은 한 장으로 요약해 핵심가치와의 정합성을 먼저 검토하고, 의견이 서로 다르면 핵심가치에 더 많이 기여하는 안을 기본안으로 삼아 시간 안에 결정한다. 평가는 숫자를 나열하는 절차가 아니라 핵심가치에 맞춘 행동을 강화하는 제도여야 한다. 속도를 강조하는 회사라도 품질의 안전선이 무너지면 자동으로 감속되어야 하고, 비용을 줄이기로 한 회사라도 고객 경험 지표가 악화되면 비용 절감의 규모를 줄여야 한다. 가장 중요한 것은 핵심가치가 지표를 움직이고, 그 지표가 운영 규칙을 작동시키는 구조를 만드는 것이다.

문화는 핵심가치의 확산 경로다. 리더는 동일한 메시지를 끊임없이 반복하되, 매번 구체적 사례와 함께 말해야 한다. 단순히 수행사를 파트너·동료로 대한다는 막연한 메시지로는 핵심가치를 확산할 수 없다. 회의 안건을 상정할 수 있는 권한을 수행사와 공유하여 동등하게 논의하며, 현장 판단을 뒤집는 결정은 충분한 협의와 함께 상호 합의한 절차에 따라 진행하고 모두 기록으로 남기는 등 구체적인 행동 방식을 함께 제시하고 이행해야 한다. 성과 보상도 핵심가치와 정렬되어야 한다. 비용만 줄이기 위해 고객 불만을 키운 사례보다는 보안을 지키기 위해 공개적으로 일정 조정 결정을 내린 용기에는 칭찬과 보호가 따라야 한다. 구성원들에게는 단순한 표어가 아니라 실제로 어떻게 행동하며 어떤 행동이 보상받는지가 중요하다.

이 과정은 치열하고 때로는 지난하다. 여러 부서의 이해관계가 얽혀 있고, 각 수행사와 벤더의 목표가 다르며, 단기 실적과 장기 체질개선 전략이 부딪힌다. 그래서 아웃소싱 조직에는 더욱 핵심가치로 구성된 북극성이 필요하다. 핵심가치에 맞춘 작은 결정들이 꾸준히 쌓여야 큰 방향이 꺾이지 않는다. 단기적인 성과를 위해 핵심가치를 예외로 적용하기 시작하면 예외가 조직의 습관과 일상이 되고 잘못된 규칙이 된다. 반대로 핵심가치에 맞춘 일관된 선택이 누적되면 수행사도 고객의 리듬과 일하는 방식을 익히고, 고객사와 수행사 간의 판단 기준이 정렬되어, 협력의 마찰이 줄고 업무의 속도가 붙는다.

결국 아웃소싱의 시작과 끝은 핵심가치의 일관된 구현이다. 무엇을 중요하게 볼지 정하고, 그 기준으로 계약·프로세스·협의체·평가를 재배치하며, 일상의 언어와 보상으로 반복해서 새긴다. 큰 배는 한 번의 호령으로 돌지 않는다. 동일한 메시지가 수백 번, 수천 번 행동으로 나타날 때 비로소 방향이 조금씩 바뀐다. 아웃소싱도 다르지 않다. 핵심가치를 기반으로 북극성을 설정하고, 매 순간 그 방향으로 일관되게 나아갈 수 있도록 구성원들의 행동을 설계해야 한다. 그러면 비용은 통제되고 품질과 보안은 지켜지며 혁신은 궤도에 오른다.

4

파트너에 대한 고민과 이해

살아 있는 계약과 대체 가능성의 설계
긴장이 만드는 신뢰와 건강한 파트너십

오늘날은 고객사와 수행사가 한 번 계약하면 고정된 위계로 굳어지는 시대가 아니다. 기술과 시장이 빨라진 만큼 관계도 유동적이다. 오늘은 공동 목표를 위해 어깨를 나란히 하지만, 내일은 특정 영역에서 서로의 대안을 검토하는 경쟁자가 될 수 있다. 또 다른 영역에서는 한쪽이 다른 쪽의 역량에 의존해 상호 보완적 역할을 맡는다. 중요한 점은 이 모든 관계가 동시에 성립할 수 있다는 사실이다. 그래서 현대적 아웃소싱의 핵심은 누가 계약 관계상 우위인지가 중요한 것이 아니라 어떤 범위에서 협력하고, 어디에서 비교·경쟁하며, 어떤 지점을 대체 가능하게 설계할지 경계를 명확히 하는 데 있다. 계약은 이 복합적 관계를 연결해 주는 장치일 뿐이고, 관계 자체를 모두 포괄하지는 못한다.

건강한 파트너십에는 적정한 수준의 긴장감이 반드시 필요하다. 긴장이 없다면 안일함과 타성에 빠지기 쉽고, 반대로 과도한 긴장은 방어적 협업과 소모전을 낳는다. 생산적인 긴장 상태를 유지하려면 몇 가지 장치가 필요하다. 첫째, 공개적인 성과 관리를 통해 모두가 동일한 수치를 본다. 가용성·지연 시간·1차 해결률·고객 만족 등의 핵심 지표를 실시간 대시보드로 공유하면, 비효율적인 논쟁이 아니라 데이터를 근거로 대화하게 된다. 둘째, 계약 체결 이후에도 동적으로 살아 움직이는 계약을 운영한다. 주기적으로 품질 목표 수준·단가·요율 등을 재점검하고, 자동화·비용 절감의 성과가 확인되면 일정 기간 이익을 나눈 뒤 단가를 단계적으로 낮춘다. 이렇게 성과 배분의 규칙을 명확하게 정의하면, 수행사는 주도적으로 개선안을 제시할 유인을 얻고 고객사는 비용 곡선을 예측 가능하게 낮춘다. 셋째, 대체 가능성의 신호를 지속적으로 유지한다. 동일 기능을 두 벤더가 번갈아 시범 운영하는 '챌린지 슬롯'을 작게라도 남겨 두면, 기존 파트너도 긴장을 잃지 않는다. 이는 수행사를 협박하거나 괴롭히는 것이 아니라, 시장의 활력을 계약 안에 이식하는 최소한의 안전장치이다.

관계의 유연성은 교체 가능성과 지식의 축적 경로를 동시에 설계할 때 비로소 힘을 발휘한다. 특정 벤더가 잘해서 계속 함께 가는 것과 그 벤더만이 할 수 있게 만드는 것은 다르다. 데이터·로그·자산의 소유권과 반출 절차를 명확히 하고 인터페이스·배포·관제의 표준 등을 고객사 측에 두면, 누구를 쓰더라도 품질과 보안의 최소 수준이 유지된다. 그리고 업무를 위임할 때에도 내부 역량 유출과 지식 손실을 방지하는 체계적인 지식 이전 절차(Knowledge Transfer)를 포함해야 한다. 반대로 이러한 기준이나 절차 없이 수행사에 업무가 위탁되면, 단기적인 효율은 좋아 보여도 장기적으로는 의존도가 커진다. 영원한 아군·적군이 없다는 말은 누구와도 일할 수 있고 누구라도 대체 가능한 경계가 설계되어 있다는 뜻이기도 하다.

협력과 경쟁이 뒤섞인 관계에서는 비계약적 약속과 작동 규칙이 특히 중요하다. 긴급 이슈가 생길 때의 우선순위, 데이터 제공의 책임과 마감, 보안·개인정보 처리의 절차, 예외 상황에서의 패스트트랙 요건 등의 약속을 문서로 합의해 두면 서로의 예상치 못한 요구를 계약에서 정의한 규칙 안으로 흡수할 수 있다. 이번만이라는 말이 잦아질수록 신뢰는 빠르게 닳는다. 반대로 작은 예외도 공개적으로 승인하고 사후에 기준을 보완하면, 긴장감은 유지하면서도 관계는 안정된다. 여기서 핵심은 고객사도 자기 몫의 규율을 지킨다는 점이다. 승인 지연·접근 권한 처리·데이터 정합성 등의 고객사의 책임이 흐트러지면, 수행사는 위험 회피에 에너지를 쓰게 되고 혁신 제안은 줄어든다. 상호주의가 긴장을 생산적으로 바꾸는 장치다.

필요하면 교체한다는 원칙이 수행사들을 소모품 취급하자는 뜻이 아니다. 오히려 반대이다. 좋은 파트너와 오래 함께 가려면 비교 가능한 기준이 필요하다. 정기적으로 외부 대안과 소규모 비교 제안 요청서(RFP, Request for Proposal) 검토를 진행하여 가격·성능·보안·지원 품질을 점검하고 현재 파트너에게도 동일한 테이블을 제공한다. 성과가 우수하면 성과 기반 연장으로 안정성을 주고, 개선이 필요하면 명확한 개선 항목과 기한을 제시한다. 교체는 마지막 수단이지만 교체 가능성의 신호 자체가 현재 관계의 질을 향상시킬 수 있다. 그리고 작은 영역에서부터 병행 운영을 통한 교체를 시작하면, 리스크 없이 시장 학습을 누적할 수 있다.

관계에 긴장을 내장했다고 해서 매번 경쟁만 해야 하는 것은 아니다. 어떤 영역은 공동의 인프라로 통합하는 편이 훨씬 효율적이다. 데이터 파이프라인, 배포·관제 표준, 인증·비밀 관리, 서비스 카탈로그 등의 공통 기반은 고객사의 플랫폼팀에서 통합하여 제공하고, 파트너들은 그 위에서 각자의 도메인 문제를 해결한다. 이렇게 하면 서로가 경쟁하는 영역에서도 품질의 최소 수준이 유지되고, 교체가 필요할 때 비용이 폭증하지 않는다. 반대로 고객 경험·비즈니스 규칙·도메인 모델 등의 차별화 포인트는 파트너와 함께 깊게 설계하되, 지식 자산은 고객사 측에 귀속시켜 학습 결과가 조직 외부로 유출되지 않게 한다. 협력과 경쟁, 의존과 독립이 부품처럼 조립되는 구조가 중요하다.

마지막으로, 유연한 관계를 가능하게 하는 것은 투명한 퇴로를 미리 만들어 두는 것이다. 수행사의 전환 계획과 지식 이전, 데이터·로그 반출, 환경 복구 스크립트, 운영 매뉴얼과 재해 복구까지 평소에 준비해 둬야 한다. 언젠가 올지도 모를 교체의 순간을 대비하는 행위는 불신의 표식이 아니라 서로를 안전하게 하는 안전벨트다. 퇴로가 준비되어 있다는 사실 자체가 현재의 협업을 더 과감하고 창의적으로 만든다. 실패해도 복구할 수 있고 성과가 나오면 곧바로 확장할 수 있다는 확신이야말로 파트너십에서 가장 강력한 심리적 안전망이다.

AX 시대의 아웃소싱은 고정된 위계가 존재하지 않으며, 고객사와 수행사 간의 역할과 업무 경계가 수시로 조정되는 생태계다. 협력하는 범위는 명확하게, 경쟁하는 영역은 공정하게, 의존하는 지점은 안전하게 설계해야 한다. 계약은 목적이 아니라 서로의 관계를 지탱하는 매개체다. 이러한 장치가 갖추어지면 영원한 갑·을 관계라는 환상 대신 지속 가능한 긴장과 신뢰가 자리 잡는다. 그때 비로소 고객사는 수행사를 비용이 아니라 학습과 혁신의 동력으로 대할 수 있다.

일하는 방식의 상호주의
서로 지킨 약속이 신뢰를 강하게 만든다

고객사와 수행사 사이의 신뢰는 계약서 조항만으로 확보되지 않는다. 계약은 최소한의 관계를 정리할 뿐이며, 실제로 관계의 신뢰를 좌우하는 것은 매일의 협업 방식, 업무 절차, 서로가 지키기로 한 약속이다. 그리고 이 기준은 한쪽만 지키는 규율이 아니라 양측이 동일하게 준수해야 작동하는 상호주의 규범이다. 고객사가 내부 사정을 이유로 상호 합의한 절차를 수시로 무시하거나 예외를 남발하면, 수행사도 곧 원칙의 무게를 가볍게 보기 시작한다. 반대로 고객사가 먼저 약속을 지키고 일관된 태도를 보이면, 수행사는 그 기준을 신뢰할 수 있는 원칙으로 받아들이고 자발적 책임을 강화한다. 결국 신뢰는 누가 더 강한지의 문제가 아니라, 먼저 고객사 자기 자신에게 동일한 기준을 동등하게 적용하는 것에서부터 시작된다.

이 상호주의를 제도화하는 첫걸음은 일하는 방식을 사전에 충분히 논의하고 설계하는 일이다. 프로젝트 킥오프 직후 범위나 일정만 합의하고 곧장 개발·운영에 들어가기 쉽지만, 그 전에 협업의 기준과 프로세스들을 함께 작성해야 한다. 여기에는 업무의 목표와 금지선을 분명히 하고 정보 제공과 승인 책임, 의사결정의 수위와 마감, 변경 요청의 접수 창구, 비상 상황의 우회 절차, 분쟁 발생 시의 의사결정 단계 등을 담는다. 특히 승인 및 데이터 제공 지연 등 고객사 몫의 의무까지도 시간 단위로 명문화하는 것이 중요하다. 수행사에게만 SLA를 요구하고 고객사의 시간을 예외로 두면, 관계는 불공정하게 기울어지고 신뢰의 균열은 예고된 수순이 된다. 승인·정보 제공 등의 고객사 측의 응답 기준을 동일한 SLA로 적용하고 관리하면, 일정 예측 가능성과 품질의 책임 관계가 비로소 현실화된다.

현장에서 가장 흔하게 신뢰가 깨지는 순간은 고객사가 긴급이라는 이름으로 상호 합의한 절차와 원칙을 우회하는 순간에 발생한다. 예를 들어 영업 캠페인을 하루 앞두고 고객사가 이번만 테스트를 일부 생략하고 바로 적용해 달라고 요구했다고 하자. 그때마다 수행사가 호의로 받아주면 단기 성과는 나아 보일 수 있지만, 곧 테스트 생략이 습관화되고 작은 장애가 반복되는 구조가 발생한다. 반대로 패스트트랙 규칙을 사전에 함께 만든다면 우회가 체계로 편입된다. 예컨대 고위험 변경은 어떤 검증을 최소한으로 거쳐야 하고, 적용 후 몇 분·몇 시간 안에 어떤 모니터링 지표가 악화되면 자동으로 되돌릴지, 책임자는 누구인지, 사후 회고에서 어떤 보완을 의무화할지를 합의해 두는 것이다. 긴급함을 이유로 원칙을 버리는 관계와 긴급함과 불확실함 자체를 원칙 속으로 끌어들이는 관계에서의 신뢰의 차이는 시간이 갈수록 커진다.

보안과 컴플라이언스 측면에서도 상호주의는 필수다. 예를 들어 고객사가 편의를 위해 메신저로 계정을 공유하거나 승인되지 않은 채널로 데이터를 전달하는 순간, 수행사는 계정·데이터 공유와 관련한 정보보호 규칙은 상황에 따라 조정 가능하다는 신호를 받는다. 이후 보안 정책의 일관성을 기대하기는 어렵다. 반대로 고객사가 급하고 작은 일에도 공식 경로를 지키고 권한 부여·회수 절차를 예외 없이 따르며 감사 로그를 스스로 점검한다면, 수행사는 보호 기준을 고객의 눈높이로 삼고 내재화한다. 보안은 비용이 아니라 관계의 신뢰도를 측정하는 가장 빠른 지표라는 점을 잊지 말아야 한다.

일상의 업무 대화와 기록의 방식 또한 서로의 신뢰를 키울 수 있다. 매주 운영 회의에서 감정 섞인 비난 대신 사실 관계·영향도·다음 행동의 구조로 대화하고, 회의록에는 결론뿐 아니라 선택의 배경과 대안을 남긴다. 변경 이유·예상 이득·측정 방법 등을 간단한 결정 기록으로 축적하면, 시간이 지나도 판단의 일관성을 설명할 수 있다. 회고는 '누가'가 아니라 '무엇'에 집중한다. 실수에 대한 이름 붙이기가 아니라 동일한 상황이 다시 왔을 때 어떤 수단과 절차로 위험을 줄일지를 합의하는 자리가 되어야 한다. 일상에서 이러한 작은 노력들이 쌓일수록 사람들은 서로를 신뢰 가능한 상대로 인식한다.

일반적으로 초기 계약서에는 담지 못하지만 반드시 문서화해야 할 것도 있다. 서로가 금지하는 항목과 양보 가능한 영역이다. 예컨대 "개인정보가 섞인 데이터는 메신저와 메일 전송 금지", "영업일 기준 48

시간 내 승인 없으면 자동 승인", "고위험 변경은 목·금요일에 수행 금지", "핵심 기능의 변경은 야간에만 배포" 등의 교육 가능한 원칙을 함께 만든다. 그리고 누구든 정해진 절차에 따라 원칙의 예외를 요청할 수 있지만, 예외는 공개적으로 승인되고 사후에 기준이 보강되어야 한다. 규칙이 투명하게 공개되어 있을수록 구성원들은 그 규칙을 다른 조직의 불합리한 요구가 아니라 우리들의 질서로 받아들인다.

신뢰는 서로가 먼저 자신에게 적용한 원칙에서 자란다. 고객사가 시간을 엄수하고 책임감 있게 문제를 검토·승인하며 데이터의 정확성과 접근을 보장하면서 보안을 스스로 지킬 때, 수행사는 동일한 무게로 절차·품질·일정을 책임진다. 반대로 고객사가 일관성을 잃으면, 수행사는 위험을 회피하고 최소한의 요구 사항만 충족하는 수동적인 방향으로 움직인다. 좋은 관계는 우연이 아니다. 일하는 방식을 함께 설계하고 그 방식을 양쪽 모두가 지키는 모습을 매일 보여 줄 때, 계약서에는 없는 신뢰가 생성된다. 그 신뢰가 있으면 갈등이 생겨도 빠르게 봉합되고, 변수가 많아도 속도와 품질이 함께 유지된다. 결국 성공적인 고객사와 수행사 관계는 완벽한 계약의 산물이 아니라, 지켜진 약속의 축적이라는 사실을 기억해야 한다.

결과로 신뢰하고 방법은 맡기는 관계 설정
파트너를 전문가로 대하라

AX 시대에 고객사와 수행사의 관계는 계약서 한 장으로 완성되지 않는 유기적인 생명체에 가깝다. 서로의 처지와 제약을 이해하고 동일한 목표를 향해 함께 걷겠다는 합의가 바탕에 있어야 한다. 계약은 그 합의를 보호하는 최소한의 장치일 뿐이며, 계약이 상대를 통제하는 수갑이 되어서는 안 된다. IT 분야는 벽돌을 한 장씩 쌓아 올리는 반복적 노동이 아니며 매장에서 책상과 의자의 가격을 비교해서 구매하는 단순한 행위가 아니다. 풀기 어려운 문제를 해석하고 해결 방법을 고안하며 시행착오를 통해 답을 찾아가는 창의적인 업무에 가깝다. 그래서 관계의 품격이 곧 성과의 품질을 좌우한다는 사실을 잊지 말아야 한다. 고객사가 상대를 을로 대하면 안전해 보이는 순간이 있을지 몰라도, 결국 수행사의 책임감과 주도성을 빼앗아 결과를 평범하게 만든다. 반대로 서로를 전문가로 대하고 목표·기한·품질 등 결과만을 중심으로 논의·협의하면, 현장은 스스로 더 나은 해법을 찾아내는 동력을 갖게 된다.

현장에서 자주 일어나는 실패 패턴은 고객사에서 구체적인 실행 방법까지 지시하는 관리 방식이다. 세부 체크리스트, 세밀한 승인 단계, 일일 보고의 남발이 고객사의 불안을 단기적으로 달래 줄 수는 있다. 그러나 시간이 갈수록 수행사의 구성원들은 정해진 대로만 일하는 방식을 학습하고, 위험을 감수하는 혁신과 변화 그리고 더 나은 대안을 제시하려 하지 않게 된다. 결국 고객사는 왜 자기들만큼 고민하지 않느냐는 불만을 제기하며, 수행사는 지시가 불명확하고 바뀌니 책임질 수 없다는 방어를 반복하게 된다. 이를 끊는 방법은 어렵지만 단순하다. 무엇을·언제까지·어느 수준으로 달성할지 명확히 정하고, 그 밖의 일하는 방법과 도구는 수행사의 선택으로 남겨 두는 것이다. 사람들은 선택의 자유가 있을 때 자신의 판단에 자존심을 걸게 되고, 그 결과물의 수준이 한층 더 높아지게 된다.

　아웃소싱 체계를 결과 중심으로 전환하려면 언어부터 바꿔야 한다. 이 기능을 이 방식으로 구현하라는 요구가 아니라, 이 문제를 이런 기준에 따라 해결 방법을 찾아 달라고 요청하는 것이 핵심이다. 예를 들어 고객센터 자동화가 목표라면 어떤 프레임워크를 쓰라는 지시보다 첫 통화에서 해결되는 비율을 몇 퍼센트까지 올리고 민감 정보가 새지 않도록 해 달라는 요구가 더 명확한 주문이다. 개발 일정 관리에서도 이러한 기능들을 몇 건 배포하도록 요청하는 것보다 이 기능을 배포했을 때 오류 없이 원하는 효과가 나타났는지 확인하는 것이 적절한 관리 방식이다. 이처럼 결과 문장으로 대화를 바꾸면 수행사는 업무 수행 과정의 자율성을 가지고 다양한 기술과 방법을 조합하여 성과를 창출할 수 있으며, 고객사는 과도한 개입 없이도 전체 방향을 통제할 수 있다.

아웃소싱 계약도 이와 동일한 철학으로 설계해야 한다. 계약서에는 결과 지표와 품질 기준, 일정과 업무의 경계, 안전을 위해 금지하는 항목들만 명확히 반영하고, 일하는 방식은 수행사가 스스로 정하게 해야 한다. 다만 결과를 검증하기 위한 근거 데이터는 자동으로 남게 만들어야 한다. 사람이 엑셀에 손으로 적어 올리는 수치가 아니라, 시스템이 업무 처리 과정에서 자연스럽게 남긴 기록으로 결과를 증명하게 하는 것이 적절하다. 이렇게 하면 고객사는 필요 이상의 감시에 시간을 쓰지 않아도 되고, 수행사는 보고를 위한 보고에서 해방되어 본업에 집중할 수 있다. 결과를 기준으로 한 보상과 감액, 그리고 개선이 확인되면 다음 분기의 업무 범위를 넓혀 주는 식의 보상 구조를 함께 두어야 자율과 책임이 동시에 향상될 수 있다.

상호 존중은 말보다 의식으로 드러난다. 고객사는 수행사의 회의와 의사결정 자리에 감독자가 아니라 동료로 참여해야 한다. 이때 핵심은 비판보다 정보를 제공하는 태도다. 내부 기준·제약·과거 실패 사례·고객 여정의 맥락 등의 배경을 충분히 나누면, 수행사는 더 적은 시도와 시간을 들여 정답에 가까워질 수 있다. 반대로 수행사는 진행 상황과 고민의 지점을 숨김없이 드러내야 한다. 문제가 보이면 일찍 알리고 대안을 두세 개로 정리해 선택을 요청하면, 고객사는 일하는 방식에 개입이 아니라 결정을 제공할 수 있다. 투명함은 신뢰를 낳고, 신뢰는 개입을 줄이며, 개입이 줄면 혁신의 속도가 가속화된다.

자유를 주되 경계는 분명해야 한다. 법·안전·개인정보·가격 정책처럼 되돌리기 어려운 영역에서는 사전에 합의한 검토·승인 절차를 반드시 지켜야 한다. 그 밖의 대부분은 되돌릴 수 있는 결정이므로 현장에서 수행사가 직접 판단하고, 문제가 생기면 공개하며 바로잡는 편이 낫다. 실수는 미래를 위해 학습의 비용으로 처리하되, 금지하기로 상호 합의한 위험 행위는 확산되지 않도록 단호히 막아야 한다. 이렇게 두 종류의 결정을 나눠 다루기 시작하면, 자율은 커지고 위험은 작아진다. 자율성을 가지는 영역과 금지선을 명확히 해야만 구성원들은 안심하고 창의적인 제안을 하고 더 나은 해법을 함께 탐색한다.

아웃소싱에서 수행사 구성원의 자존감은 성과의 연료가 될 수 있다. 수행사의 직원이 내가 주도하고 있다는 감각을 가질수록, 자연스럽게 책임은 강화되고 업무량과 수준이 높아진다. 고객사가 그들의 이름을 문서에 남기고 회의에서 의견을 먼저 묻고 공개 석상에서 그들의 성과를 인정할 때, 수행사 구성원들은 그들의 위치를 단순한 하도급 용역이 아니라 컨설턴트·전문가·파트너로 스스로를 정의한다. 작은 사례라도 좋다. 기능 개선으로 사용자 문의가 줄었으면 그 직원의 이름과 그 성과를 결과 보고서에 남겨야 한다. 복잡한 문제를 명쾌하게 해결했다면 그 결과를 만든 팀에 다음 과제를 맡기는 것도 좋은 방법이다. 이런 과정이 쌓이면 수행사는 고객사의 목표를 자신의 목표로 동일하게 받아들이게 된다. 그 순간 서로의 관계는 거래가 아니라 동맹으로 격상된다.

고객사는 구체적이고 세세한 간섭을 줄이는 대신 경청을 늘려야 한다. 현장에서 매일 부딪히는 사람들이 어떤 불편을 느끼고, 어디서 시간이 낭비되며, 무엇이 고객을 혼란스럽게 만드는지 듣는 것이 가장 빠르고 효율적이며 정확한 개선 방법이다. 고객사는 '왜'를 제공하고 수행사는 '어떻게'를 제시하는 역할 분담이 자연스러울수록, 작은 혁신이 실제로 반영된다. 그리고 그 작은 혁신이 모여 큰 변화를 만든다. 회의에서는 왜 이렇게 수행하지 않았는지 추궁하는 방식이 아니라 왜 이런 선택을 했고, 이 선택이 다른 대안보다 어떤 점에서 더 나은지를 토론하는 아웃소싱 조직이 더 좋은 결과를 만든다.

고객사와 수행사의 신뢰는 우연이나 선의가 아니라 세밀하게 디자인된 업무 구조에서 만들어진다. 결과로 합의하고 검증 결과를 확인하며 자유를 보장하되, 상호 합의한 원칙은 단호하게 지키는 구조가 있어야 한다. 그렇게 만들어진 관계에서는 누구도 상대를 갑이나 을로 부르지 않는다. 함께 목표를 달성하는 동료이자 서로의 실력을 키워 주는 진정한 파트너 관계로 성장한다. IT 아웃소싱의 진정한 성패는 계약 금액이나 조항의 촘촘함이 아니다. 이 구조를 실제로 운용했는가에 달려 있다. 결과로 관리하되 수행 방법은 상대를 믿고 맡기는 태도가 자리 잡을 때, 업무 속도는 빨라지고 결과의 수준은 깊어지며 구성원들은 성장한다. 이것이 고객사와 수행사가 오래 가는 길이고, 가장 값비싼 기술보다 강력한 경쟁력이 될 수 있다.

Build · Buy · Partner의 새 기준
범용 기능은 사서 쓰고, 차별화는 직접 만든다

상용 소프트웨어가 비싸고 유연성이 낮던 시절에는 한 곳의 대형 SI 업체에 모든 권한과 책임을 부여하여 업무를 맡기는 방식이나 개발자를 대거 투입해 바닥부터 직접 만드는 방식이 합리적으로 여겨졌다. AX 시대에는 사정이 달라졌다. 구독형 서비스는 기능·가격·보안·규정 준수 측면에서 빠르게 성숙하고 있고, 반대로 숙련된 AI 인재를 확보하고 유지하는 비용과 24시간 운영·장애 대응·성능 튜닝·감사 대응까지 포함한 관리 비용은 꾸준히 상승하고 있다. 이러한 현실과 함께 앞으로의 추세까지 고려하면 대부분의 공통 기능은 구매가 합리적이고, 경쟁 우위를 좌우하는 마지막 차별화 구간만 직접 만들거나 신뢰할 파트너와 함께 구축해서 회사의 지식 자산으로 축적하는 전략이 정석이 된다.

실무에서 구매가 유리한 영역은 분명하다. 고객 관리·인사·회계·전자 서명·모니터링 등의 범용 업무와 기록·협업·접근통제·데이터 유출 방지 등의 규정과 감사 요구가 높은 공통 기능은 검증된 서비스를 구매하는 편이 비용과 위험 측면 모두에서 우세하다. 반대로 직접 만드는 것이 유리한 영역은 우리만의 차별화를 만드는 심장부다. 내부 개발자들이 효율적으로 일하게 만드는 API 포털·이벤트 허브 등의 공통 플랫폼도 장기적 생산성을 위해 내부 소유가 유리한 경우가 많다. 두 극단 사이에는 공동 수행(Co-Sourcing)이라는 선택이 있다. 시장 진입 속도도 중요하고 내부 역량 축적도 놓칠 수 없다면, 외부의 실행력을 빌리되 구축 →운영 →이전의 경로로 외부의 지식과 책임을 단계적으로 안으로 들여오는 방식이 효과적이다. 이를 통해 아웃소싱이 끝나는 순간 모든 노하우가 사라지는 실패를 피하면서 초기에 필요한 속도도 확보할 수 있다.

이제 한 곳의 주 사업자에게 전권을 맡기는 방식만으로는 속도와 품질을 동시에 얻기 어렵다. 역할별 전문 벤더를 조합하는 멀티벤더(Multi-Vendor) 포트폴리오가 표준이고, 이를 하나로 통합하는 공통의 운영 규칙이 필요하다. 핵심 역할은 네 가지다. 첫째, 제품 책임자와 설계 책임자가 통제 포인트와 업무 경계를 정의한다. 둘째, 플랫폼팀이 보안·관제·배포·인증 등의 공통 기반을 제공해 각 팀이 스스로 쓸수 있게 만든다. 셋째, 벤더 관리 조직이 지표·계약·위험·전환을 관리해 정보 비대칭을 줄인다. 넷째, 보안·규제 담당이 데이터 소유권과 감사 대응을 통제한다. 운영은 공동으로 관리하는 수행 과업·목표·일정·서비스 성과 등을 대시보드로 투명하게 맞물리게 하고, 주기적으로 요율·구성·벤더 교체 등을 검토한다. 파트너와 관련한 모든 의사결정은 반드시 숫자를 근거로 이루어져야 한다. 서비스 구독료·클라우드 사용료·기술 지원 서비스 등의 직접비와 연동·보안·인증·관제·훈련 등 간접비를 구분하고 상세하게 추적한다. 이를 통해 체계적으로 수행사들의 업무 범위·비용·성과·향후의 관계 등을 파악하고 미래를 그려야 한다.

실행 절차는 여덟 단계로 단순화할 수 있다. ① 통제 포인트를 정의한다. ② 기능의 성숙도를 가늠해 시장에서 이미 표준화된 것인지, 아직 형성 중인 것인지 구분한다. ③ 구축·구매·파트너십 세 가지 옵션을 가치 실현 시간과 되돌릴 수 있는지 여부로 비교한다. ④ 데이터 접근과 소유권·보안·전환 권리 등을 핵심 요구로 반영한다. ⑤ 동일한 데이터·시나리오·지표로 가벼운 테스트를 진행하고 중단 기준을 미리 정한다. ⑥ 작은 범위의 파일럿 테스트를 통해 관제·교대 운영·비용·규정의 현실을 검증하고 전환 준비를 한다. ⑦ 확장 단계에서 서비스 목표와 자동화 목표를 계약에 정의하고, 성과 공유·단가 단계적 인하·재협상 트리거 요소를 함께 반영한다. ⑧ 이후에는 분기마다 포트폴리오를 재배분하고 미리 합의한 탈락·대체 기준을 적용한다.

앞으로는 조금은 비효율적이더라도 범용적인 기능은 외부에서 직접 각각 구매(Buy)하고, 경쟁 우위를 위한 기능은 직접 구축(Build)하거나 파트너십(Partner)으로 확보해야 한다. 하나의 수행사에 모든 것을 믿고 의존하고 기대던 시대는 끝났다. 고객사 주도적으로 역할별 파트너와 다양한 상용 소프트웨어를 조합할 수 있는 엔지니어링 역량을 갖춰야 하고, 회사의 아키텍처 표준과 기준을 명확히 해야 한다. 그리고 가볍게 시험하고 작게 운영한 뒤 빠르게 확장하는 순서로 AX 혁신을 추진하면, 속도·품질·위험을 동시에 관리할 수 있다. 글로벌 빅테크의 새로운 기술을 조합하여 회사의 표준 기반을 만들고 마지막 한 조각에서 가치, 즉 특별함을 만든다. 이것이 AX 시대에서 아웃소싱의 최적 해법이다.

복잡한 협업 구조를 하나로 연결하는 기술
선택적 아웃소싱을 설계하다

인소싱만 존재하는 경우에는 회사의 전략 방향만 명확하면 조직 내부의 이해관계 조정 등을 통해 혁신 과제를 쉽게 추진할 수 있다. 즉 동일한 소속·목표·평가 체계 안에서 부서 사이에서의 균형점을 찾으면 된다. 하지만 아웃소싱은 다르다. 내부 부서와의 이해관계 조정과 더불어 서로 다른 목표·속도·가치관을 가진 다양한 수행사·벤더들을 나란히 세워 놓고 성과를 창출할 수 있는 최적의 방안을 검토해야 한다. 계약서만으로는 맞물리지 않는 부분이 많다. 구매 단가를 낮추는 협상만으로 해결하려 들면 대화는 금세 예산과 재원 이야기로 좁아지고, 정작 고객과 현장이 원하는 결과는 멀어진다. 관리 인력과 승인 절차가 기하급수로 늘고 법무·노무·규제 이슈까지 겹치면서 의사결정은 굳어지기 쉽다.

특히 내부 IT 조직이 존재하면서 부분적으로 바깥의 여러 수행사가 역할을 나눠 맡는 선택적 아웃소싱(Selective Outsourcing)은 고객사의 역량과 노력이 더욱 필요하다. AX 시대의 아웃소싱 표준으로 자리 잡고 있는 선택적 아웃소싱 체계에서는 한쪽의 잘못이 다른 쪽의 지연으로 번지고 경계에 놓인 일은 중복되거나 누구의 것도 아닌 일이 되기 쉽다. 이 구조에서는 고객사는 단순한 조율자만으로는 부족하고, 해결사 역할을 수행하는 내부의 전문가 조직의 구성이 필수적이다. 즉 문제의 소유권을 명확히 정하고, 수행사들의 업무 경계에서 생기는 빈틈을 실시간으로 메우며, 필요한 경우 수행사들의 업무를 재배치할 수 있는 역량과 권한을 가진 팀이 고객사에 있어야 한다. 이 팀은 계약이나 예산 담당이 아니라 성과 담당이어야 하고, 계약을 통해 표를 채우거나 숫자를 나누기보다 결과를 만들도록 일하는 방식·업무 프로세스·정책을 설계하고 결정해야 한다.

이 관계에서는 단순히 수행사에 대가를 지급하면 결과가 나온다는 오해가 가장 큰 걸림돌이다. 수행사는 다른 목표와 제약을 가진 독립된 사업체다. 그리고 고객사가 다수의 수행사들을 선택적으로 계약하는 만큼, 수행사도 고객사의 업무를 선택적으로 수행하게 된다. 이 관계에서 고객사가 투입되는 비용과 결과의 선형 관계를 기대하면 실망이 뒤따른다. 고객사에서는 다수의 수행사들을 하나로 연결할 수 있는 공동 목표·공동 지표·공동 일정의 삼박자를 맞춰서 관리해야 한다. 내부와 다수의 수행사가 동일한 화면을 보며 진행률·품질·위험 신호를 함께 읽게 하고, 서로 다른 회사들의 업무 리듬을 한 박자로 맞추는 장치를 만들고 계속 조율해 나가야 한다. 동시에 벤더 리더의 권위와 역할을 더욱 존중해야 한다. 수행사의 시니어 직원을 지원 인력처럼 다루는 순간, 수행사의 조직은 시킨 것만 하는 방식으로 급격하게 후퇴한다.

복잡한 아웃소싱 관계에서 업무 프로세스 설계의 핵심은 비용이 집행되는 방식과 권한이 흐르는 방식을 일치시키는 것이다. 또한 결과에 책임지는 주체가 방법의 선택과 방향의 조정 권한을 가져야 한다. 내부 기준과 승인 절차는 핵심 사항을 중심으로 최소한으로 반영하여 안정과 신뢰를 지키고, 나머지는 수행사에서 자율성을 가질 수 있도록 충분히 권한을 부여해야만 혁신의 속도가 가속화될 수 있다. 하도급·정보보호 등의 외부 리스크는 초기에 금지해야 할 원칙과 예외 통로를 사전에 정의해 분쟁을 예방한다. 다수의 수행사가 건강한 토론과 논의를 할 수 있도록 다양한 협의체와 토론을 주도해서 갈등과 오해, 불신이 없도록 노력해야 한다. 각 수행사의 계약 조건과 목표가 서로 충돌하지 않도록 조항의 정합성을 주기적으로 점검하여 조정하고, 변경이 불가피할 때는 관련된 계약을 한 번에 검토하여 동시에 수정하는 규칙을 두어야 한다.

마지막으로 내부 역량 수준을 분명하게 관리해야 한다. 전체적인 방향과 기준, 아키텍처의 경계, 보안과 품질에 대한 책임은 내부에서 체계적으로 관리하고 다양한 이슈와 문제를 직접 조정·해결해야 하며, 도구 선택과 작업 방식만 수행사들에게 맡기는 구조가 균형을 만든다. 결국 선택적 아웃소싱을 성공으로 이끄는 것은 가장 싸게 사는 능력이 아니라 다른 목표와 문화의 수행사들을 한 방향으로 움직이게 만드는 내부 설계 역량, 즉 고객사가 수행사들이 보유한 역량을 고려하여 업무 구조와 흐름을 주도적으로 조합·설계하고 조정하는 능력이다. 그 설계력이 갖춰질 때 복잡한 이해관계 속에서도 속도와 품질이 동시에 상승한다.

5

비용에 대한 고민과 이해

업무 단위로 정산하는 아웃소싱
커피값처럼 관리하고 메뉴판과 레시피를 제시한다

카페에서 커피를 주문할 때 우리는 바리스타의 급여나 임대료를 따지지 않는다. 메뉴판에서 원하는 음료를 고르고 한 잔의 값을 지불하며, 맛이 이상할 때 환불이나 재제작을 요구한다. IT 아웃소싱의 방향도 이와 유사해야 한다. 수행사의 인건비·조직도·야근 시간 등을 측정하는 대신 무엇을, 어느 품질 수준으로, 언제까지 제공했는가를 기준으로 건별·업무 단위별로 정산하는 구조가 공정하고 빠르다. 문제는 IT 업무가 커피처럼 완전히 균질하지 않다는 점이다. 그리고 고객사가 얼마나 많은 업무를 요청할지 예측하기 어려운 점 또한 존재한다. 이러한 어려움에도 불구하고 합리적인 아웃소싱 체계를 구축하기 위해서는 사람의 투입 시간을 세는 습관을 버리고, 일을 표준 단위로 쪼개 메뉴판과 레시피를 만드는 데서 출발해야 한다.

메뉴판은 업무의 이름·크기·준비물·일정·품질 기준을 담은 약속이다. 고객지원 업무는 자료 요청·계정 생성·단순 문의 해결 등 업무 유형으로 나누고, 개발·운영 업무에서는 기능 배포·결함 수정·데이터 추출·신규 연동 등의 업무 항목을 세분화하여 정의한다. 그리고 업무의 크기와 난이도를 기준으로 기능 점수(FP, Function Point)를 세밀하게 산정하거나, Small·Medium·Large 등으로 크기를 구간화할 수도 있다. 각 항목에는 입력 자료·접근 권한·진행 절차·검수 기준·실패 시 조치 등을 레시피 카드처럼 붙여야 한다. 이를 통해 아웃소싱 협상의 논의 주제를 몇 명이 몇 시간 투입했는지가 아니라 정의된 결과를 약속한 품질로 제공했는지를 중심으로 협의될 수 있도록 관점을 이동시켜야 한다.

품질 보증(QA, Quality Assurance) 업무는 카페의 환불 규정에 해당한다. 결과물의 품질이 기준에 미달하면 별도 협상을 하지 않더라도 재작업이나 서비스 크레딧·페널티 등 감액 절차가 자동으로 실행되어야 신뢰가 만들어진다. 예를 들면 개발 업무는 사전 테스트 통과·보안 점검·응답 속도 기준을 수용 기준으로 적용하고, 배포 후 오류율이 임계치를 넘으면 즉시 원상복구하고 아웃소싱 비용이 감액되도록 한다. 고객지원 업무는 1차 해결률과 QA 점수가 하한선에 미달하면 감액하고, 관제 업무는 탐지·복구 시간이 기준을 못 지키면 감액하는 방식이 합리적이다. 이렇게 결과물에 대한 품질을 먼저 확인한 뒤에 아웃소싱 대가를 지불하는 습관이 자리 잡아야 저렴한 비용은 나쁜 품질이라는 악순환에서 벗어날 수 있다.

모든 비용을 표준화된 업무 단위로만 측정하고 처리하라는 뜻은 아니다. 카페가 문을 열어 두려면 임대료와 기본 인력이 필요하듯, 24시간 대기와 준수 업무가 필요한 운영에는 최소한의 고정비가 필요하다. 모든 고정 비용을 단위 업무 단가에 나눠서 반영할 수도 있지만, 초기의 현실적인 해법은 기본적인 최소 운영 비용을 고정하고 그 위에 단위 과금을 추가하는 혼합 과금 구조(Hybrid Pricing Model)이다. 예컨대 모니터링·패치·감사 대응 등의 기본적인 업무는 최소한의 고정 대가로 보장하고, 그 위에 이벤트 처리·자료 요청·개발 변경 등 다양한 업무 단위로 추가 정산할 수 있다. 야간·성수기·고위험 변경에는 미리 합의한 가산 요율을 적용하고, 업무 물량이 늘면 업무 단가가 낮아지는 단계별 할인(Step Down)을 적용한다. 이러한 방식으로 비용의 형태를 명확하게 구분하여 관리하면, 미래 비용에 대한 예측과 통제가 쉬워지고 분쟁은 줄어든다.

실행의 순서는 우선 현행 업무를 요청 유형으로 상세하게 나누고, 요청 절차·결과물·품질 기준을 정리한다. 각 유형을 크기 구간으로 분류하여 단가의 골격을 만들고, 업무 흐름마다 기록과 지표가 자동으로 남도록 표준을 설계한다. 작은 범위에서 시범적으로 비용을 정산해서 기존에 지급되던 아웃소싱 대가와의 차이를 분석하고 왜곡을 수정한 뒤, 단위 요율·가산·단계별 할인·크레딧·성과 공유 등의 상세한 규칙을 계약에 단계적으로 반영한다. 이후 주기적으로 메뉴와 단가, 품질 기준을 재점검해 갱신한다. 무엇보다 중요한 것은 전 과정이 현장의 일하는 방식에 방해되지 않게 설계하는 것이다. 아웃소싱 비용 정산의 정확성을 이유로 검증·승인 절차를 늘리기 시작하면 정작 중요한 목적보다 부차적인 부담이 더 커진다. 비용 정산은 백오피스 조직으로 일원화하여 효율적으로 자동화·표본·보정으로 처리하고, 현장 조직은 고객 가치와 품질에 집중하도록 보호해야 한다. 비용 정산의 소소한 오류를 잡아내는 것보다 중요한 것은 아웃소싱 구성원이 업무 본질에 집중할 수 있는 환경을 만드는 일이다.

IT 아웃소싱의 비용 적정성 문제에 정답은 존재하지 않는다. 하지만 사람에게 얼마를 지급할지 정하는 것이 아니라 커피 한 잔의 값처럼 아웃소싱 결과물의 가치가 얼마인지 고객사와 수행사가 함께 정의하고 풀어 나가야 서로를 존중하며 투명하고 공정하게 해결할 수 있다. 대가 측정의 단위를 표준화하고, 품질을 수치로 검수하며, 하자가 있는 경우 환불·재작업을 수행하고, 자동화의 이익은 함께 나눠야 한다. 커피 가격처럼 단순하지는 않지만 명료한 원칙을 기반으로 새로운 방식으로 전환하기 위해 노력하는 과정에서, 구성원들의 비용 정산에 대한 인식이 점차 전환되고 이상적인 아웃소싱 모델에 가까워질 수 있다. 그 결과 수행사는 제값을 받고, 고객사는 서비스를 제공받은 만큼만 비용을 지불하게 되며, 협업은 거래를 넘어 신뢰로 성장한다.

단가×업무량을 넘어서는 대가 설계
수행하는 업무의 가치를 측정한다

대가를 어떻게 합리적으로 지급할 것인가는 결국 무엇이 공정한지와 실행 가능한지를 함께 고민해야 하는 문제다. 가장 단순하고 강력한 해법은 시장에 맡기는 것이다. 충분한 경쟁이 보장되는 시장에서는 입찰과 비교견적을 통해 보이지 않는 손이 아웃소싱 가격을 자연스럽게 합리적인 균형점으로 수렴시킨다. 그러나 현실에는 계열사 전략, 특수 기술의 희소성, 기존 업체 교체에 따르는 변화 관리 비용과 리스크 등 다양한 요인에 의해 수의계약을 택할 수밖에 없는 순간이 온다. 이때 가장 어려운 과제는 단가 자체보다 업무량 규모를 어떻게 공정하고 합리적으로 산정하고 정산할지에 있다. 대가는 기본적으로 '단가×업무량'이다. 단가는 시장 벤치마킹 등을 통해 어느 정도 가늠할 수 있는 반면, 업무량은 ITSM 시스템에 기록된 업무 처리 티켓 수나 작업 시간만으로는 운영의 실체를 포착하기 어렵다. AX 시대에는 AI 기술을 활용한 자동화 도구와 Agent가 실제 IT 업무에 도입되면서 개발자 1명당 업무량을 계산하는 구식 기준이 통하지 않게 된다. 실제로 수행사의 직원 몇 명이 무엇을 얼마나 했는지가 아니라 그 일이 어느 정도의 난이도와 가치를 가졌는지를 산출하여 그 가치를 기반으로 한 청구서를 설계하고 그 기준으로 대가를 지불해야 한다.

이 과정에서의 핵심은 업무를 투입 인력 기준이 아닌 다른 기준으로 단위 업무를 정의해야 하며, 그 단위 업무가 비즈니스 가치나 품질과 어떻게 연결되는지를 영수증의 수준으로 상세하게 설명하는 것이다. 이 영수증은 운영자 몇 명이 몇 시간 일했는지가 아니라 무엇을, 어느 품질로, 어떤 위험 관리하에 어떤 서비스를 제공했는지를 설명하는 문서다. 물론 ITSM 등의 아웃소싱 업무관리 시스템은 필요하다. 하지만 기본적인 업무 처리량인 티켓 수와 작업 시간은 보조지표일 뿐이며, 대가 산정의 중심이 되면 즉시 게임이 시작된다. 쉬운 티켓의 개수를 늘리기 위해 잘게 쪼개거나, 어려운 이슈를 회피하고 서비스 문의는 콜백으로 미루는 행동이 나타난다. 이를 막으려면 의도적으로 업무량 그 자체가 아니라 결과물·성과 중심으로 측정될 수 있도록 설계해야 한다.

업무의 가치를 제대로 평가하려면 일을 단순히 시간의 합으로 계산하는 관행에서 벗어나야 한다. 단가는 인력 단가가 아니라 성과 단가로 재정의되어야 하며, 대가는 투입된 시간의 길이가 아니라 결과의 품질과 영향력으로 측정되어야 한다. 동일한 시간 동안 일했더라도 한 사람의 결정이 시스템 전체의 안정성과 효율을 높였다면 그 일의 가치는 단순한 노동의 단가를 초월한다. 반대로 반복적이고 자동화가 가능한 업무를 사람의 손으로 계속 수행하는 것은 효율의 손실이 된다. 결국 아웃소싱 대가 설계의 핵심은 시간당 얼마가 아니라 이 업무의 결과로 무엇이 달라졌는가에 초점을 맞추는 일이다.

이를 구현하려면 업무를 새롭게 계량화할 수 있는 기준을 마련해야 한다. 예컨대 운영 영역에서는 단순히 티켓 건수 대신 서비스의 정상 가동률·장애 복구 속도·고객 응답 품질·예방 조치 비율 등의 결과 지표를 중심으로 단가를 설계할 수 있다. 개발 영역에서는 코드의 양이 아니라 기능 완성도·성능 개선율·기술 부채 감소율·사용자 만족도 등으로 일의 가치를 정의해야 한다. AI 기술을 도입하는 영역에서는 수작업이 얼마나 줄었는지, 반복 업무를 얼마나 대체했는지, 생산성이 얼마나 향상됐는지가 핵심 지표가 된다. 이렇게 해야 업무를 쪼개고 개수를 늘리는 게임이 아니라 가치를 쌓는 경쟁이 일어난다.

공정성을 담보하려면 일의 난이도와 리스크를 반영한 보정 장치도 필요하다. 동일한 서비스라도 운영 시간대·보안 등급·장애 위험도에 따라 실제 업무의 무게는 달라진다. 계약 구조에서 이런 요인을 가산계수나 난이도 등급표 형태로 명시하면 불필요한 논쟁을 줄일 수 있다. 또한 예측할 수 없는 환경 변화나 긴급 대응 상황에 대비해, 특정 기준치를 초과하는 업무에는 변동형 요율을 적용하는 것도 합리적이다. 이러한 구조는 수행사의 책임을 강화하면서도 비정상적 과중 업무에 대한 보상 체계를 제도적으로 마련해 지속 가능한 협력 관계를 만든다.

마지막으로 AX 시대에 아웃소싱 대가를 산정하는 구조에는 학습의 인센티브가 반드시 포함되어야 한다. AI 기술과 자동화 도구의 도입으로 반복 업무가 줄어드는 것은 단순히 비용의 절감이 아니라 역량 재투자의 기회다. 업무가 효율화되어 절감된 비용의 일부를 새로운 기술 교육·프로세스 혁신·도구 개발에 재투자하도록 계약 단계에서 설계해야 한다. 이렇게 하면 수행사는 자동화의 이익을 단기적 절감이 아닌 장기적 경쟁력 강화의 보상으로 인식하게 된다. 고객사 역시 혁신의 효과를 공유받으며, 관계는 단가 중심의 거래에서 공동 성장 구조로 전환된다.

결국 아웃소싱 대가를 합리적으로 설계한다는 것은 노동의 가격이 아니라 가치의 가격을 매기는 일이다. 사람에게 지급하는 것이 아니라 그 사람이 만든 변화의 결과에 비용을 지불하는 구조로 바뀔 때, 서로에게 '대가=가치'라는 감각이 생기고 아웃소싱은 단순한 용역이 아니라 성과를 사고 혁신을 키우는 도구가 된다. 성과 기반의 대가 체계는 가격 협상보다 더 중요한 경쟁력의 요소이며, 이러한 가치 중심 계약을 설계할 수 있는 능력을 보유해야만 복잡해지는 AX 시대에 지속 가능한 비용 체계를 만들 수 있다.

합리적인 비용을 설계하는 새로운 방법
벤더가 제시하고 고객이 조합·설계한다

수행사에 지급하는 아웃소싱 비용을 관리할 때 가장 중요한 기준은 비용이 적정한 수준인지 확인하는 것뿐만 아니라 얼마나 합리적인지 판단하는 데 있다. 대가의 적정성은 시장 평균과의 차이로 대략 설명할 수 있으나, 합리성은 시장 환경과 함께 고객사의 비즈니스에 맞는 최적의 조합인지를 중점적으로 판단해야 한다. 과거처럼 고객사에서 요구서를 던지고 최저가를 받는 방식은 점점 설득력이 약해지고 있다. 수행사·벤더가 보유한 기술, 인력의 전문성, 수행 방식, 자동화 역량, AX 역할과 그간의 수행 경험이 서로 다르기 때문에 단순 구매 관점에서 동일한 잣대로 줄 세우기 어렵기 때문이다. 결과적으로 AX 시대의 아웃소싱 비용은 공급자인 수행사·벤더가 서비스 메뉴와 가격 조건을 먼저 제시하고, 고객사가 그중에서 회사의 비즈니스 목표에 가장 적절한 구성을 선택하여 설계·조합하는 구조로 이동하고 있다. 따라서 계약 협상의 초점도 단가와 대가를 줄이는 것이 아니라, 가치·위험·유연성의 균형을 이루는 비즈니스 관점의 계약을 설계하고 조합하는 방식으로 옮겨 가야 한다.

합리성은 성과와 위험을 함께 보는 시각에서 시작한다. 우리가 실제로 사려는 것이 사람과 시간이 아니라 가용성·응답 속도·정확도·보안 수준·전환 가능성 등의 가치와 결과라는 점을 분명히 해야 한다. 규제가 강하거나 24×7 운영이 필요한 영역은 위험 프리미엄을 인정하고 추가 비용을 지불한다. 자동화가 가능하고 교체가 쉬운 영역은 자연스럽게 낮은 가격을 요구한다. 이 논리를 계약으로 명확하게 정의하면 업무의 혼선이 줄어든다. 최소한의 기본 대가에 사용량·성과 단가를 얹는 방식의 대가 체계, 물량 증가 시 단계별 할인, 목표 미달 시 서비스 크레딧, 자동화 성공 시 일정 기간 성과 보상 후 단가 인하 방식 등의 규칙이 대표적이다. 결국 고객사는 수행사·벤더에게 단가와 대가 금액이 적힌 가격표를 기준으로 사는 것이 아니라 규칙표를 기준으로 사는 셈이다.

협상의 중심은 묶음 설계로 옮겨져야 한다. 각 수행사·벤더의 SLA·기술 지원·보안·컴플라이언스 수준 등을 레고 블록처럼 조합해 우리에게 필요한 최소 필요조건의 조합과 충분조건의 조합을 만든다. 필요 이상으로 높은 등급을 사기 위해서 비용을 낭비하지 않고, 비용 절감을 위해 낮은 서비스 등급을 선택해 리스크를 떠안지 않도록 필수·권장·선택 항목의 선을 분명히 구분할 수 있어야 한다. 특히 전환 가능성은 가격만큼 중요하다. 데이터·문서·로그의 소유 및 반출 권리·해지 기간·수수료·가격 조정·재협상 트리거 요소 등을 계약에 명시해 특정 수행사·벤더에 의존하는 위험이 비용을 잠식하지 않게 해야 한다.

시장 상황과 서비스 가격을 계약 체결 시점에만 확인하는 것이 아니라 주기적으로 점검하고 계약을 조정해야 한다. 동일 조건이 아니라는 현실을 전제로 공개된 가격표와 단가표를 참고하되, 분기나 반기 단위의 가벼운 벤치마크와 재협상 조항을 둔다. 시장 지수 대비 괴리가 일정 폭을 넘는 기간이 지속되면 재협상을 자동 개시하고, 환율·물가를 연동하되 상·하한을 함께 반영하여 예측 가능성을 만든다. 소모적인 소액 단가 흥정 대신 정기적인 아웃소싱 비용의 구조 조정 활동을 통해 불필요한 시간 낭비를 줄일 수 있고 급변하는 AX 시장 환경의 속도를 따라잡을 수 있다.

수행사·벤더가 서비스의 가격과 조건을 제시하는 환경에서 고객사는 모든 항목을 만족할 수 없다. 그렇기 때문에 고객사의 의사결정은 하나의 테이블에서 종합적으로 검토한 뒤 한 번에 결론을 내려야 한다. 사업부서와 기술부서뿐만 아니라 구매·법무·재무 부서가 서비스의 내용과 가격, 예상되는 성과와 위험을 함께 바라본다. 이어서 협상이 필요한 부분을 검토하되 다양한 옵션과 시나리오 비교를 통해 사용량 증가·규제 추가·교체 등의 상황에서 비용과 위험이 어떻게 달라지는지 함께 검토한 뒤 선택 여부를 결정해야 한다. 그리고 고객사는 단순히 수행사가 제시하는 서비스의 가격만을 검토하는 것이 아니라, 그들의 서비스 설계·디자인 방식·발전 가능성과 함께 조직 문화와 기술에 대한 철학·사상까지 이해하고 받아들일 수 있는지를 살펴야 한다.

　AX 시대에는 수행사·벤더가 정찰제와 패키지를 제시하고 고객이 고르는 시장이 더욱 보편화되고 있다. 그래서 고객사의 역량은 가격을 깎는 기술에서 다양한 서비스와 기술들을 선택해 조합하고 빠르게 시험한 뒤 전환하는 능력으로 이동한다. 작은 업무에 시범적으로 파일럿 테스트를 진행해 보고 지표의 움직임으로 판단해 즉시 확대·수정·폐기할 수 있어야 한다. 데이터가 쌓이면 협상 테이블에서 논쟁할 필요가 없다. 합리적인 비용을 찾아가는 과정은 정답이 존재하는 것이 아니라 고객사 역량과 선택에 따라 좌우된다. 수행사·벤더가 제시한 메뉴로 고객사의 비즈니스 목표에 맞도록 결과·위험·유연성의 균형점을 설계하고, 다양한 기술과 제품을 폭넓게 탐색하고 비교하여 선택한 뒤 작은 파일럿 테스트를 통해 빠르게 도입·검증할 수 있는 조직이 가장 합리적 선택을 해낸다. 단가 흥정의 시대에서 선택하고 조합하여 전환하는 시대로 무게 중심이 옮겨 가고 있다. 고객사는 아웃소싱 계약과 관련된 과거의 잘못된 협상 습관과 행태를 버려야 하고, 이러한 구조적 변화를 적극적으로 받아들여 새로운 미래를 준비해야 한다.

구독·클라우드 시대의 FinOps 운영
금융처럼 관리하고, 제품처럼 움직여라

　과거 IT 예산을 관리하는 업무는 연초에 사업계획을 세우고, 일괄 발주·구축·검수로 끝맺는 단기 고정형 방식에 가까웠다. 이제는 클라우드 인프라·개발 도구·SaaS·AI 모델 호출까지 대부분이 구독과 사용량 기반으로 바뀌었다. 또한 AX 혁신을 위한 투자도 몇 년에 한 번씩 집행되는 단기적인 활동이 아니라 지속적으로 꾸준하게 이루어지는 방식으로 집행된다. 비용은 매일 변하고 의사결정은 일 단위로 발생한다. 따라서 비용 관리는 더 세밀하고 실시간에 가까운 모니터링과 통제가 필요하다. 이때 유용한 비유가 금융의 투자관리다. 금융 산업에서 위험 자산의 리스크 대비 수익률을 관리하듯, IT에서 FinOps는 비용의 변동성 대비 가치를 관리한다. 금융에서는 투자 자산의 가치를 측정하고 관리하지만, FinOps는 가치를 해치지 않으면서 미래의 비용을 예측하고 최적화한다는 점에서 둘의 목표는 다르다. 그러나 과거의 데이터를 기반으로 미래의 가치를 예측하고, 포트폴리오를 구성해 위험을 분산하며, 사전에 설계된 기준과 프로세스로 일관된 결정을 내린다는 점에서는 동일하다.

미래 비용에 대한 예측은 FinOps 역량의 핵심이다. 구독·클라우드 환경에서는 최소 3년간의 비용 곡선을 가늠해야 선제적으로 비용 약정(Commitment), 서비스 예약(Reserved Instance) 혹은 절감 계획(Savings Plans) 등의 비용 최적화 전략의 의사결정을 할 수 있다. 이를 위해서는 세 가지가 필요하다. 첫째, 신규 서비스 출시 계획과 마케팅 캠페인 등 내부 사용자 수 증감에 영향을 미치는 다양한 정보를 수집하여 사업계획과 연계하여 분석해야 한다. 둘째, 컴퓨팅 시간·용량·네트워크 트래픽·API 호출 건수·사용자 수 등 다양한 비용 드라이버 모델을 기준으로 모든 비용을 단가×사용량으로 분해가 가능해야 한다. 셋째, 과거의 비용 데이터를 분석해 미래의 비용을 추정하고 예측 정확도를 관리하여 예측력을 개선해야 한다. 비용의 전월 대비 예측 정확도를 공식 지표로 관리하고, 오차 원인을 수요(업무량)·공급(단가)·환율 등의 다양한 요소(Factor)로 나눠서 회고하여 분석·개선한다. 예측 정확도는 단순 보고서 품질이 아니라 협업 성숙도의 체온계다.

비용을 단순히 숫자로만 바라보면 오판이 생긴다. 서비스의 특성을 충분히 이해하고 리스크와 절차까지 함께 고려해야 한다. 예를 들어 SaaS를 도입하면 좌석형·사용량형, 약정 기간, 초과 사용 시 처리 방식 등의 비용 구조의 탄력성을 상세하게 분석한다. 이어서 비용이 증가하는 주요 트리거 요인인 사용자 수 혹은 업무량이 증가하는 과정을 상세히 분석해서 그 과정에서 사전 승인 절차 등 비용을 적절하게 통제할 수 있는 장치를 적용한다. 대표적 방법이 정책을 코드(Policy as Code)로 적용하는 것이다. 예를 들면 "1달간 미사용", "일일 예산 초과 20% 이상", "시간당 증가율 5% 초과", "신규 환경의 사용 시작" 등의 조건이 발생하는 경우 자동 알림 혹은 차단 후 승인하는 방식으로 운영해야 한다. 또한 개발·테스트·운영 환경별 비용의 한도와 부서별 태그 적용 등을 통해 추적 가능성을 확보한다. 이러한 FinOps 정책이 강할수록 사람의 실수와 의도치 않은 비용 폭증을 막을 수 있다.

조직 운영 관점에서는 플랫폼·보안·관제 등의 공용 비용은 투명하게 정보를 제공하고 비용을 배분하며, 서비스별 직접 비용은 조직 단위로 정산해서 부서 성과와 연결한다. FinOps 리뷰는 정기적으로 시행하되 회계·재무 보고가 아니라, 사전 협의된 예상 혹은 추정했던 비용과 실제의 차이를 분석하고 다음 기간의 예상 규모를 결정하는 방식으로 운영되어야 한다. FinOps는 특정 부서에서 단독으로 운영할 수 없다. 투명하게 정보를 공유하고 모두가 함께 노력해야 한다. 첫째, 청구 데이터 파이프라인인 클라우드 사용료·SaaS 청구서·환율·약정 할인·크레딧·단가표 등 데이터를 모두 체계적으로 수집하고, 태그·라벨 기준으로 사업부·제품·환경까지 상세하게 매핑한다. 둘째, 시스템 로그·사용량 정보·관제 데이터를 결합하여 서비스 비용·성과·품질의 상관을 살펴본다. 마지막으로 FinOps 대시보드를 표준화한다. 재무 부서는 전체 비용의 증가율과 예측 오차를 살펴보고, 제품팀은 서비스별 상세 비용·사용량과 SLO(Service Level Objective) 준수 여부 등을 살펴보며, 플랫폼팀은 리소스별 비용 절감 여지가 있는지 살펴보고 정책 위반 등을 점검해야 한다. 이 과정에서 모두가 하나의 화면에서 동일한 데이터를 보지 않으면 비용 절감은 공허한 구호가 된다.

마지막으로, FinOps는 계약·재무 부서의 성과가 아니다. 제품·데이터·보안·운영이 동일한 규칙과 목표로 함께 움직여야 한다. 정기적으로 FinOps 협의체를 열어 무엇을 얼마나 절감했는지가 아니라, 가치를 잃지 않고 어떻게 다르게 했는지를 공유해야 한다. 이 기록과 경험이 쌓여야 다음 분기의 예측이 정확해지고, 미래에 대한 비용 예측이 정확해지면 설계·구매 절차에서의 의사결정 과정이 보다 유연해지고 담대해진다. 요약하면, 클라우드·SaaS 서비스 구독 비용 관리는 금융처럼 계량하고, 미래를 예측하여 빠르게 학습하고 개선해야 성공한다. 단위 비용을 요소별로 분해하여 비용 증가율과 변동성을 함께 보며 향후 전체적인 비용을 예측하며, 그 오차를 줄이는 과정을 FinOps 조직의 핵심 역량으로 만들어야 한다.

균형감을 가진 투자와 비용 관리
현재를 지키고 미래를 바꾸는 두 축

조직의 재원은 모두 동일해 보이지만 그 역할은 전혀 다르다. 투자(Capex)는 회사의 현재 궤도를 바꾸고 새로운 가치를 창출하기 위한 연료이고, 비용(Opex)은 그 궤도를 유지하기 위한 유지비다. 투자는 매출을 키우거나 비용을 줄이기 위해 위험을 감수하고 혁신의 방향을 틀게하고, 비용은 이미 결정된 운영을 유지하고 반복 가능하게 만든다. 문제는 많은 조직이 이 둘을 섞어 쓰면서도 동일한 기준으로 심사하고 측정하여 평가한다는 점이다. 그 결과 변화가 필요한 시점에도 유지비만 늘리고, 유지비로 처리해야 할 업무를 투자로 포장해 허수를 만든다. 경영의 초점은 투자 비중을 높이고, 그 투자 중에서도 매출을 키우는 투자와 비용을 줄이는 투자의 균형을 가다듬는 데 맞춰져야 한다.

투자의 본질은 선택과 집중에 있다. 늘 새로운 IT 시스템과 새로운 기능을 추가하는 방식의 투자는 눈에 띄지만, 시간과 함께 유지보수 비용의 부담을 눈덩이처럼 키운다. 기능이 늘어날수록 유지보수·모니터링·보안 점검·규정 대응 등 보이지 않는 비용이 축적된다. 반대로 비용을 줄이는 투자는 화려하지 않지만 회사의 체력을 바꾼다. 사람이 하던 반복 작업을 AI 기술을 활용해 자동화하고 중복 시스템을 통폐합하며 표준화된 SaaS 제품과 상용 서비스를 도입해 유지보수 관리 범위를 축소하면, 동일한 규모의 예산으로 더 많은 시도를 할 수 있게 된다. 투자 포트폴리오는 당장의 성장을 겨냥한 항목과 회사의 체질을 바꾸는 항목이 함께 들어가야 한다. 한쪽만 선택하면 곧 한계에 부딪힌다.

유지보수 분야에서 그 구성원들의 노력만으로 비용을 줄이겠다는 다짐과 목표는 오래가지 못한다. 야근과 개선 과제 도출 및 이행 점검 회의로 메우는 비용 절감은 금세 피로와 예상치 못한 오류로 돌아온다. 아웃소싱 수행 구조를 바꾸지 않는 단기적인 비용의 절감은 통계적으로 중장기 비용을 증가시킨다. 지속 가능한 비용 절감의 해법은 공정의 자동화, 지식의 재사용, 표준의 도입, AI 기술을 활용한 개발과 운영 도구에 대한 투자다. 과거에 수학 계산원을 지칭하던 컴퓨터(Computer)가 기계로 대체된 것처럼 IT 아웃소싱에서의 반복적인 작업들은 점차 AI 기술과 Agent가 수행하도록 자동화해야 하고, 사람은 예외 처리와 AX 혁신 활동에 집중하도록 업무를 나눠야 한다. 이미 시장에서 널리 검증된 서비스와 제품은 과감히 채택해서 도입하고, 차별화할 수 있는 최종 접점에 구성원들의 모든 역량을 모아야 한다. 이렇게 해야 사람 수를 늘리지 않고도 처리량을 높이고, 동일한 수준의 품질을 더 낮은 비용으로 달성할 수 있다.

투자는 숫자로 설명되어야 한다. 특정 시스템을 유지하기 위해 들어

가는 연간 비용과 함께 장애나 규정 위반으로 발생 가능한 손실, 작업한 건을 처리하는 데 필요한 지원 인력과 시간 등을 모두 포함하여 기준 비용이 된다. 그 기준 위에서 투자를 통해 자동화, AI 기술 도입, 클라우드·SaaS 전환, 개발 도구 개선이 만들어 낼 비용 절감 폭을 보수적으로 추정해야 한다. 비용 절감 규모가 검증되어 투자가 결정되면 계약과 예산에서 그 효과가 자연스럽게 반영되도록 설계해야 한다. 예를 들어 자동화로 운영 투입이 줄어든 영역은 다음 분기의 아웃소싱 유지보수 단가를 단계적으로 낮추고 동일한 계약 범위에서 더 많은 요구를 처리하게 만들어, AX 혁신을 통한 아웃소싱 생산성 향상의 과실이 고객사와 수행사 모두에게 돌아가도록 해야 한다. 투자 효과가 비용 구조에 선형적으로 반영되지 않으면 현장의 업무는 혁신할 수 없다.

AX 혁신을 위한 투자는 일회성으로 끝나면 실패한다. 자동화와 표준화, AI 도구는 초기 도입보다 인내심을 가지고 일관되게 유지하여 조직 내에 그 경험이 쌓일 때 실질적인 차이가 발생한다. 초기 성과에 만족해 투자를 줄이기 시작하면 혁신의 결과물은 유지될 수 없고 성과가 사라진다. 혁신의 속도를 유지하려면 상시적인 재투자 프로세스가 필요하다. 비용 절감의 일부를 AX 혁신 재원으로 적립해 다음의 자동화와 통합, 교육과 아키텍처 재설계를 이어 가야 한다. 이렇게 해야만 유지보수의 단가를 낮추면서 품질과 속도를 동시에 높이는 구조가 생긴다. 업무 생산성 향상의 과실을 전부 예산 삭감으로만 흡수하면, 현장은 다시 구성원들의 노력에만 의존하게 되고 얼마 지나지 않아 원상복구되는 패턴이 반복된다.

마지막으로 투자와 비용의 균형은 사업의 우선순위와 함께 움직여야 한다. 전략적으로 의미가 큰 영역에는 다소 높은 비용을 감수하더라도 공격적으로 투자해야 한다. 반대로 차별화가 약하거나 수익성이 낮은 영역은 유지 수준으로 아웃소싱 비용을 줄이고 서비스 종료도 과감하게 선택지에 올려야 한다. 적자 사업과 시스템은 미련 없이 정리해야 한다. 쓰지 않는 기능을 지키기 위해 매달 비용을 집행하는 행위는 기회비용을 키운다. 선택과 집중이야말로 아웃소싱 비용을 아끼는 가장 큰 절약이다.

비용은 현재를 지키고, 투자는 미래를 만든다. 유지보수 비용을 건강하게 줄이는 구조를 투자로 확보하고, 매출을 늘리는 실험에 회사의 자원을 투자하며 결과로 판단해야 한다. 아웃소싱 구성원들의 업무와 노력을 소모품으로 쓰지 말고 업무를 효율적으로 수행할 수 있도록 자동화와 표준, 개발 도구와 관리 서비스 투자에 회사의 재원을 집행해야 한다. 그럴 때 조직은 더 적은 비용으로 더 많은 가치를 만들 수 있고, 오늘의 효율과 내일의 성장을 동시에 손에 넣을 수 있다.

숨은 아웃소싱 비용의 해부학
보이지 않는 지출을 줄이는 구조 설계

고객사가 아웃소싱 비용을 관리할 때 빈번하게 실수하는 부분이 있다. 눈앞에 보이는 수행사의 견적과 단가만으로 아웃소싱의 총비용을 단정하는 습관이다. 실제로 재무 건전성을 훼손하는 근본 원인은 겉으로 드러난 숫자가 아니라 숨은 비용(Hidden Cost)이다. 관리에 투입되는 추가 인력, 전환 과정의 손실, 예상치 못한 학습 곡선, 반복되는 조율·승인 과정의 지연 등의 항목은 계약서 표면에 잘 나타나지 않는다. 이런 숨은 비용은 시간이 지날수록 조용히 누적되어 성과를 잠식한다. 따라서 올바른 비용 관리는 아웃소싱 계약 금액을 논의하기 전에 보이지 않는 지출을 찾아내고 통제하는 체계를 갖추는 데서 출발해야 한다.

숨은 비용은 대체로 세 가지 유형이 존재한다. 첫째, 관리 비용이다. 다수의 수행사와 협업할수록 보고 체계와 회의가 늘고, 내부에 관리 인력이 늘어나는 경향이 있다. 의사결정 단계가 겹치면 실제 업무는 줄고 관리 행위만 늘어나 운영의 효율이 급격히 떨어진다. 특히 서비스 장애나 정보보호 사고가 발생하면 관리 비용이 급증하게 된다. 둘째,

전환 비용이다. 벤더 교체나 서비스 구조 변경 과정에서 시스템 중단과 데이터 이전이 뒤따르고, 그 사이에 지연과 오류가 발생한다. 이러한 문제는 사전에 충분히 드러나지 않다가 전환 국면에서 비용으로 현실화된다. 따라서 현재의 아웃소싱에 대한 의사결정뿐만 아니라 이후의 전환 비용을 포함하여 검토하는 습관을 가지는 것이 중요하다. 셋째, 품질 비용이다. 계약상 과업은 완료했지만 성과가 기대에 못 미치면 고객 불만 처리·재작업·추가 개선으로 또 다른 비용이 생긴다. 단가는 낮았지만 총 소유 비용은 높아지는 전형적 경우다.

이 문제의 해법은 문제가 발생한 뒤 비용을 줄이는 사후 대응이 아니라 애초에 문제가 발생하지 않게 설계하는 사전 예방 구조에 있다. 먼저, 데이터 기반 비용 예측이 필요하다. 업무 기록과 성과 데이터를 상시 수집해 작은 이상 신호를 조기에 포착하고, 지연 시간·협업 빈도·재작업률 등의 운영 지표로 향후 발생할 비용을 지속적으로 시뮬레이션해야 한다. 과거 비용의 단순 합산이 아니라 패턴 분석을 통해 잠재 비용을 시각화하면, 숨은 비용이 누적되기 전에 계약 조정이나 프로세스 개선을 통해 사전 조치할 수 있다.

다음으로, 넛지(Nudge)를 활용한 행동 설계가 중요하다. 숨은 비용의 상당 부분은 고객사와 수행사가 단기 이익에 집중하면서 장기적인 운영 품질 관리와 지식 관리를 소홀히 할 때 발생한다. 이를 막으려면 보상이 장기적인 성과에 연동되도록 계약 구조를 바꿔야 한다. 장애의 추세 감소나 업무 전환의 비용 절감이 확인되면 일정 기간 성과를 공유하고, 문서화·지식 이전·부서 간 협력이 일정 기준을 초과할 경우 재계약 평가에 가점을 부여하는 방식도 고려할 수 있다. 수행사가 고객사의 중장기 비용 절감을 자신의 성과로 함께 인식할 때 숨은 비용은 줄어들 수 있다. 단순히 계약 문구를 통해 강제적으로 수행사의 목표를 바꿀 수 없다. 구성원들 개개인의 행동에서부터 점진적으로 바꿀 수 있도록 심리적인 변화를 자연스럽게 유도해 나가야 한다.

셋째, 책임 공백을 없애는 조직 설계도 필요하다. 의사결정 단계가 많아지면 업무 지연에 따른 손실과 관리 인력 확대에 따른 비용이 동시에 누적된다. 단일 창구 원칙과 역할 기반 의사결정 등을 통해 의사결정의 병목을 빠르게 제거해야 한다. 조직에서 책임이 선명해질수록 조율·재작업에 소요되는 숨은 비용은 급감한다.

마지막으로, 외부 생태계 벤치마킹을 상시화해야 한다. 숨은 비용은 내부에서는 잘 보이지 않아도 업계 차원에서는 반복 패턴으로 드러난다. 멀티벤더 사례에서 어떤 숨은 비용이 발생했는지, 어떤 계약 구조와 협업 방식이 효과적이었는지를 지속적으로 학습하여 유사한 문제를 피해야 한다. 단순한 단가 비교를 넘어 지표 설계·수행 구조·전환 계획까지 함께 벤치마킹해야 실효성이 높아진다. 우리만의 문제로 보지 않고 업계의 공통 위험으로 인식하고 해결하려고 노력할 때 시야가 넓어진다.

숨은 비용을 줄이는 전략은 단순한 비용 절감의 방식과 다르다. 데이터로 예측하고, 수행사의 행동을 바꾸며, 조직 내의 책임을 분명히 하고, 전환을 미리 준비하여 외부의 사례와 경험을 지속적으로 벤치마킹하고 성과를 모니터링해야 한다. 보이지 않는 비용은 결국 보이지 않는 행동에서 발생한다. 수행사의 모든 업무와 의사결정의 모든 과정을 공개하여 투명하게 만들고, 내부와 파트너 모두가 장기 성과를 향해 동일한 방향으로 움직이게 할 때 아웃소싱의 총비용은 관리·통제가 가능해지고 재무적 건전성은 눈에 띄게 개선된다.

조직에 대한 고민과 이해

권한·전문성·속도를 동시에 잡는 조직 디자인
합칠 것과 나눌 것을 정하는 방법

IT 아웃소싱의 수행 조직 설계에서 가장 어려운 선택은 무엇을 하나로 통합하고, 무엇을 분리할지 정하는 일이다. 동일한 기능의 업무를 하는 모든 사람을 모아 전문성을 높일지, 하나의 서비스를 처음부터 끝까지 한 팀에 맡겨 속도를 낼 것인지가 늘 딜레마다. 전자는 전문성이 빠르게 쌓이지만 부서 간 보이지 않는 벽이 생기기 쉽고, 후자는 부서의 자율성과 책임감이 강해지지만 기능별 전문성이 옅어질 수 있는 양면이 있다. 어느 한쪽이 항상 옳지는 않다. 고객사와 수행사의 과거 경험과 현재 상황을 최우선으로 고려해야 하고, 서비스 흐름·위험 크기·의사결정 속도·업무 복잡도 등을 기준으로 균형을 잡는 설계가 필요하다.

아웃소싱 조직 체계는 크게 서비스를 기준으로 수행팀을 구성할 수도 있고, 전문성·기능을 중심으로 구성할 수도 있다. 우선 서비스 기획·개발·운영에 필요한 전체 업무를 하나의 조직으로 모두 통합하여 운영하는 수행체계는 고객에게 닿는 여정 전체를 한 팀에서 완결적으로 책임지는 방식이다. 주문을 받고, 결제를 처리하고, 문의에 대응하는 모든 업무를 함께 볼 수 있도록 개선하면 다양한 부서와 관련 시스템 간의 정책이나 기능을 맞추느라 허비하는 시간이 크게 줄어들고 업무 본질에 조금 더 집중할 수 있다. 따라서 서비스 초기에 업무 프로세스와 규칙이 자주 바뀌고 변경과 테스트가 잦은 영역에서는 이 구조가 유리하다. 다만 공통으로 써야 할 기반 작업이 팀마다 달라지는 문제가 생긴다. 관제·테스트·배포 절차·접근 통제 등의 기능과 업무 역할이 중복되어 비효율이 확대되거나, 부서마다 정책과 품질의 차이가 벌어지기 쉽다. 그리고 성과 지향적으로 수행체계가 운영됨에 따라 발생할 수 있는 품질이나 정보보호 문제, 눈에 덜 띄는 내부 관리 기능 등이 뒤로 밀리며 기술 부채가 쌓이는 부작용도 존재한다.

전문성과 기능을 중심으로 전문가들을 하나의 팀으로 모으는 수행체계는 보안·운영·데이터·품질 등의 전사 공통 역량을 통합하는 방식이다. 이 방식은 전문가 조직에서 보유한 전문 지식과 역량이 전체 조직에 확산될 수 있다고 기대하는 수행체계 설계다. 전문 인력들이 하나의 중앙 관리부서로 집중되어 업무 효율성과 일관성이 올라가고, 감사나 규정 대응 등의 까다로운 요구도 안정적으로 처리할 수 있다. 반면 서비스·제품 개발부서가 관리부서의 높은 수준의 요구 사항을 매번 통과해야 하니 대기 시간이 길어지고 책임의 경계가 흐려지기 쉽다. 이 과정에서 병목 현상이 심해지면 현장은 우회할 수 있는 방법을 찾으려 하고, 그 결과 표준은 존재하되 현장에서 지켜지지 않으면서 버려진다.

현실적으로 아웃소싱 수행체계는 혼합형으로 귀결되는 경우가 많다. 초기 단계의 개발 부서나 고객과 맞닿은 핵심 서비스를 관리하는 부서는 문제 발견부터 운영까지 작은 단위로 자립시켜 운영하는 편이다. 이와 병행하여 보안·배포·관제·데이터 관리 등의 공통 인프라는 전사 플랫폼팀으로 통합한다. 이때 중요한 점은 중앙 플랫폼팀은 통제 중심의 관리 업무를 담당하는 것이 아니라 서비스·제품팀이 스스로 가져다 쓸 수 있는 다양한 개발·운영 도구를 빠르고 체계적으로 제공해야 한다는 것이다. 표준화된 배포 절차·개발 도구·관제·API·비밀 관리·비용 관리 등의 요소를 통제 목적이 아니라 효율성 측면에서 포장된 길처럼 제공해야 한다. 이러한 환경이 제공되어야 서비스·제품팀은 빠르게 표준화된 공통 플랫폼 체계에 통합될 수 있고, 중앙 플랫폼팀은 최소한의 품질 수준을 관리하고, 운영 시스템에서 발생하는 기록을 확보할 수 있다. 반대로 중앙 플랫폼팀에서 통제·관리·승인만 요구하고 개발팀에서 필요한 서비스를 효과적으로 제공하지 않으면 그림자 팀이 생기고 표준은 무너진다.

아웃소싱 수행체계의 설계 기준은 단순해야 한다. 변화가 잦고 가설 검증이 중요한 업무의 경우에는 그 업무에 필요한 모든 기능을 하나의 팀으로 통합해서 권한과 책임을 강조한다. 균질한 품질 수준과 깊은 전문성이 필요한 업무에는 각 기능 단위로 모아 집중한다. 밤낮이 없거나 한 번의 실수가 큰 피해로 이어질 수 있는 핵심 역할은 중앙 플랫폼팀이 책임을 지며, 현장 개발팀에서는 공통 플랫폼팀에서 제공되는 다양한 도구와 정책을 조립해 사용하도록 한다. 한 부서에서 감당해야 할 기술 난이도나 운영의 복잡도가 넘친다면 조직을 분리해 부담을 낮춘다.

피해야 할 패턴도 명확하다. 수행 조직의 크기를 지나치게 쪼개면 부서 간 회의와 조율이 끝없이 늘어난다. 중앙 부서에서는 승인만 하고 현장 개발팀에서 필요한 서비스와 도구를 빠르게 제공하지 않으면, 현장에는 별도의 체계와 도구를 사용하는 그림자가 만들어진다. 반대로 모든 것을 현장에 맡기면 보안과 품질의 최소 수준이 무너진다. 공통된 틀 안의 자유라는 원칙을 강조해야 한다. 공통 도구와 정보보호 정책 등 안전선은 중앙 플랫폼팀이 책임지되, 주어지는 환경 위에서 무엇을 만들지는 현장 개발팀이 자율적으로 결정하도록 하는 구조가 필요하다.

AX 시대에는 AI 기반의 다양한 업무 지원 도구를 활용하여 모든 아웃소싱 구성원들의 업무 전문성을 일정 수준으로 상향 평준화할 수 있다. 따라서 중앙 플랫폼팀은 점차 약화되고, 서비스·제품팀은 스타트업 회사들처럼 작고 민첩하게 구성되는 형태로 재편될 것이다. 하지만 아웃소싱 수행체계를 설계하는 기본적인 원칙은 변하지 않는다. 빠르게 혁신해야 할 곳은 통합하고, 위험을 통제해야 할 부분은 나눠야 한다. 현장 개발조직과 제품 조직은 고객의 문제를, 플랫폼 조직은 신뢰·표준·도구를 각각 책임진다. 서로 간의 인터페이스 약속, 업무 처리 절차와 셀프서비스 방법 등의 운영 절차와 관리 기준을 만들어 두면 서로 간의 힘겨루기 대신 속도와 안전 사이에 적절한 균형을 두고 생산적인 긴장을 유지할 수 있다. 수행 구조 자체보다 중요한 것은 구조가 만들어 내는 구성원들의 행동이다. 올바른 경계·권한과 간결한 규칙을 설계할 때, 조직은 통합과 분화의 흔들림 속에서도 속도·품질·안전을 함께 얻을 수 있다.

6.2

한 몸처럼 배우고, 함께 고치는 조직 운영
개발과 운영의 새로운 경계를 설계하라

개발 조직과 운영 조직을 어떻게 배치할지는 IT 아웃소싱 수행체계를 설계하는 데서 가장 중요한 결정이다. 몇 해 사이 유행처럼 번진 애자일(Agile)과 데브옵스(DevOps)는 만능 열쇠가 아니다. 중요한 것은 방법론의 명칭이 아니라 운영할 서비스 성격·수행사 역량·조직 문화에 맞는 구조를 고르는 일이다. 이 논의의 기반에는 한 가지 어려움이 있다. 변화와 혁신의 속도를 올리려면 개발에 집중해야 하고, 안정적인 품질을 지키려면 운영에 공을 들여야 한다는 점이다. 두 개의 목표를 하나의 조직에 한꺼번에 요구하면 대개 운영의 급한 일을 처리하느라 혁신은 뒷전으로 밀린다. 반대로 혁신만 하려고 하는 조직은 운영 조직의 고통을 모른 채 동일한 실수를 반복한다. 이러한 비효율을 최소화하는 새로운 수행체계 설계가 필요하다.

DevOps 체계의 본질은 개발자가 만든 것을 스스로 운영까지 책임지는 것에 가깝다. 핵심은 개발과 운영 조직의 통합이 아니라 운영에서 발생하는 문제에 대한 개발로의 피드백 과정 단축이다. DevOps는 직접 만들고 운영하며, 그 과정에서 얻은 문제점과 교훈을 바로 다음 개선에 반영하는 피드백 사이클을 빠르게 실행하는 체계이다. 그래서 DevOps 체계의 이상적인 모습은 개발자들이 수행하는 운영과 관련된 반복 작업을 자동화하여 운영 부담을 극단적으로 줄이는 'No-Ops'를 지향하고, 개발자가 직접 고객과 시스템의 반응과 문제점을 체감하고 즉시 서비스를 개선할 수 있도록 만드는 것이다. 이 구조에서 개발자는 결과물에 대한 장애 대응·성능 저하·고객 불만을 다른 사람을 통하지 않고 직접적으로 경험한다. 그 경험이 다음의 서비스 개발 수준을 높이고 품질과 속도를 동시에 끌어올린다.

그러나 아웃소싱 수행체계의 규모가 커지면 현실은 달라진다. 24시간 운영·정보보호·규제 대응·공통 인프라 관리·비용 최적화 등의 전문 영역의 업무 비중이 커지면서 개발과 운영을 분리하려는 압력이 생긴다. 분리 자체가 문제는 아니다. 문제는 분리하는 순간에 앞에서 설명했던 피드백이 끊기는 것이다. 운영 조직이 고객의 모든 불만과 사고를 막아 주는 완충 지대가 되어 버리면, 개발 부서는 자신이 개발한 결과물이 현장에서 실제 어떤 문제점이 있고 운영부서에 어떤 부담을 주는지 체감하지 못한다. 반대로 운영 조직은 개발 변경을 위험으로만 받아들여 혁신의 속도를 계속 늦추게 된다.

개발과 운영 조직이 분리된 수행체계에서는 다음의 협업 장치가 성패를 가른다. 첫째, 공동의 목표를 설계해야 한다. 개발과 운영 조직이 자신들에게 부여된 각각의 목표 수치만 최적화하지 않도록, 출시 속도·복구 시간·변경 실패율 등 연결된 하나의 품질 지표 묶음을 서로 공유한다. 둘째, 아웃소싱 수행에 필요한 모든 정보를 통합하여 하나로 관리한다. 요청·변경·장애의 전 과정을 하나의 식별자로 연결하여 동일한 타임라인을 보게 하면, '우리 숫자 vs. 너희 숫자' 싸움이 줄어든다. 셋째, 공동의 백로그를 운영한다. 운영에서 반복되는 문제는 제품팀의 개선 과제로 자동으로 선정되도록 하고, 제품팀의 큰 변경은 운영의 중요 과제로 동시에 상정되어 충분한 검증을 할 수 있도록 한다. 넷째, 야간과 주말의 교대 업무와 장애 상황에서 호출의 일부를 개발팀이 함께 참여해야 한다. 심야 호출을 한 번 겪어 본 개발자는 자연스럽게 오류를 줄이고 복구를 쉽게 만드는 소스 코드를 고민하고 작성한다.

마이크로서비스 아키텍처와 같이 서비스를 잘게 나누는 설계는 팀 자율성과 속도를 높이는 데 유용하다. 동시에 서비스 간의 경계 비용이 커지고 성능이 저하될 수 있다. 서비스 수가 늘어날수록 일정 조정과 인터페이스 조율에 시간이 든다. 그래서 서비스를 쪼갤수록 인터페이스 정책이 중요하다. 이벤트·데이터 구조·호환 기간 등 바꾸지 말아야 할 약속을 미리 확정하고, 바꾸려면 공지·병행 운영 후 종료의 단계를 거치도록 한다. 바뀐 약속을 지키지 못하면 자동으로 원상복구를 진행하여 실패를 국소화한다. 이렇게 하면 쪼갠 구조에서도 전체 서비스 품질이 유지된다.

혁신이 필요하고 변경이 잦아서 테스트가 많은 영역은 통합 조직에 무게를 둔다. 만든 사람이 운영도 한다는 원칙을 적용해 학습 속도를 끌어올린다. 규정 대응과 안정이 우선인 영역은 개발·운영 분리에 무게를 둔다. 대신 서비스팀이 정보보호 등 최소한의 원칙과 기준을 함께 책임지게 하고, 공통 플랫폼팀이 개발 도구와 업무 자동화로 운영의 일관성을 제공한다. 개발과 운영의 통합은 피드백의 속도를 높이는 반면, 분리는 전문성을 깊게 한다. 두 양면 중 하나를 고집하지 말고 서비스 성격·구성원 역량·조직 문화에 맞게 혼합해야 한다. 그리고 어떤 구조를 선택하든 공동 목표·데이터·백로그를 함께 공유하고 피드백에 필요한 연결 장치를 먼저 디자인해야 한다. 그러면 조직 이기주의는 줄고 속도와 품질은 함께 오른다. 조직을 어떻게 나눴는지가 중요한 것이 아니라, 나눈 뒤에도 하나의 조직처럼 함께 배우고 빠르게 개선하는 체계를 갖췄는지가 중요한 것이다.

경계를 허물고 역동성을 가진 수행체계 설계
회색 지대를 없애는 방법

아웃소싱 수행체계의 설계는 권한과 책임의 균형을 잡는 일에서 시작된다. 책임을 맡긴 부서에 그 책임을 이행할 권한이 없으면 업무의 속도는 느려지고 변명만 늘어난다. 반대로 조직에 권한만 많고 책임이 약하면 판단은 가벼워지고 수행한 결과에 다양한 문제가 발생한다. 따라서 무엇에 대해 최종 결정을 내릴 권한을 누구에게 부여할지의 문제는 그 결정의 결과를 누가 끝까지 책임지고 감당해야 하는지와 함께 고려하여 한 쌍으로 설계해야 한다. 아웃소싱에 대한 다양한 승인권·예산·인력 배치·외부 협력 등의 실질적 권한이 책임의 범위를 따라가야 하고, 그 권한을 지닌 자리는 결과와 후속 조치의 의무까지 함께 짊어져야 한다. 권한과 책임이 서로 다른 책상 위에 놓이는 순간 아무도 책임지지 않는 상황이 발생한다.

권한과 책임의 균형을 맞춘 다음에는 중복되는 부분을 어떻게 다룰지 정해야 한다. 일반적으로 많은 조직에서는 권한과 책임이 겹치는 것을 두려워해 부서 간 칸막이를 촘촘히 세운다. 역할의 중복이 없으면 깔끔해 보이지만 실제로는 경계의 빈틈은 계속 넓어지고 어느 부서의 일인지를 논쟁하는 시간이 늘어나게 된다. 불확실성이 큰 AX 시대에서 아웃소싱의 역동성을 살리려면 핵심 권한과 핵심 책임만 명확하게 정의하고, 나머지는 일정 부분 겹치도록 허용하는 편이 낫다. 즉 업무에 빈 공간이 있는 것보다는 다소 중복되어 있는 것이 더 생산적이다. 예를 들어 고객 경험을 책임지는 부서와 품질을 책임지는 부서가 문구 수정·보상 기준·재발 방지 조치에 함께 개선하도록 설계할 수 있다. 이러한 부서 간 중첩된 역할은 갈등의 씨앗이 아니라 조직의 건전성을 높이고 혁신의 속도와 견제의 장치가 된다. 다만 이러한 영역에는 의사결정 시간과 절차를 명확하게 정해서 논쟁이 길어지지 않게 관리해야 한다.

권한과 책임을 핵심과 비핵심으로 구분하는 것도 중요하다. 핵심 권한은 아웃소싱의 전체적인 방향과 운영 기준을 바꿀 수 있는 힘이다. 예산의 조정, 사전 합의한 약속의 변경, 위험 허용 기준의 개선 등의 결정이 여기에 속한다. 이 권한은 소수에 집중시키고 변경 시에는 의사결정의 기록과 설명이 뒤따르도록 한다. 핵심적인 책임은 결과의 최소 수준을 지키려는 의무다. 서비스 품질과 전환 일정 등의 기준이 여기에 해당한다. 누구든 이 기준을 낮출 수는 없고 낮추려면 조직 전체의 동의가 필요하다. 반면 세부 방법과 순서, 자원 배분의 미세 조정 등의 비핵심 권한은 현장으로 폭넓게 부여해야 한다. 현장에 자신이 만든 결과물을 자신들이 직접 개선할 수 있는 자율성을 제공해 주어야 현장에서 속도감 있게 혁신이 이루어질 수 있다.

빠르게 변화하는 속도를 가진 AX 시대에는 개별 항목 책임보다는 포괄적으로 책임을 부여하는 방식이 효과적이다. 불확실성이 큰 AX 시대에는 모든 내용을 사전에 정의할 수 없기 때문이다. 과거처럼 모든 항목을 잘게 쪼개 각자에게 역할과 책임을 하나하나 배분하면, 보기에는 체계적이고 아름답게 보일지 모르지만 항목의 모서리마다 회색 지대가 생긴다. 그리고 그 회색 지대는 대개 아무도 손대지 않는 구역이 되어서 언젠가는 반드시 문제가 발생한다. 반대로 핵심가치와 전략적 목표 단위로 포괄적인 책임을 부여하면, 해당 부서는 정해진 경계를 넘어 필요한 사람을 모으고 자원을 확보할 수 있다.

권한과 책임을 배분하는 실무 절차는 단순할수록 강력하다. 첫째, 주요 결정 주제를 표로 명확하게 지정해야 한다. 각 주제별로 결정자·참여자·의견 수렴 대상·정보 공유 대상을 정의한다. 둘째, 모든 권한의 결과가 가역적인지, 비가역적인지 구분한다. 되돌릴 수 있는 결정은 현장에서 자율성을 가지고 즉시 수행하게 하고 되돌리기 어려운 결정만 별도로 관리한다. 셋째, 모든 결정의 마감 시간을 둔다. 시한 내 결론이 없으면 미리 정해 놓은 기본안이 자동으로 반영되게 한다. 넷째, 결정 이후 결과를 확인하는 시점을 미리 설정한다. 언제 무엇으로 성과를 확인하는지 명확히 설정해야 권한에 대한 책임감을 가질 수 있다.

권한의 중첩을 허용하는 아웃소싱 체계에서는 갈등을 다루는 기술도 함께 갖춰야 한다. 혁신을 하는 과정에서 조직 내에서 생산적인 갈등과 논쟁은 불가피하다. 따라서 갈등을 없애는 것이 목표가 아니라 체계적으로 갈등을 조정하고 관리해서 빠르게 해결해 가는 것이 목표가 되어야 한다. 논쟁이 생기면 사실 관계를 빠르게 확인하고 이 문제에 대한 1차 결정권의 주체를 확인한다. 합의가 어렵더라도 바로 의사결정을 상향하는 방식보다는 실무에서 스스로 자체적인 실험이나 테스트를 통해 검증할 수 있는 방법을 찾아보는 활동이 필요하다. 테스트의 비용은 권한의 크기를 기준으로 배분한다. 만약 갈등을 조정하는 과정에서 실패에 대해 책임을 묻는 방식으로 해결하려고 하면 그 조직은 자연스럽게 실패를 은폐하려고 하는 문화가 자리 잡게 된다. 따라서 모든 갈등은 재발 방지에 무게를 두고 조정하고 해결해 나가야 한다.

마지막으로 권한과 책임의 배분은 한 번의 설계로 끝나지 않는다. 인력·수행사·시장·기술이 바뀔 때마다 책임과 권한의 위치도 조금씩 옮겨야 한다. 주기적으로 권한이 과하게 집중된 곳은 어디인지, 책임만 떠넘겨진 부서는 어디인지, 회색 지대가 넓어진 곳은 어디인지를 점검한다. 권한을 부여했는데 결과가 불명확하면 책임과 목표를 강화하고, 실행력이 부족한 곳에는 추가적인 권한을 부여해야 한다. 아웃소싱 수행체계 설계의 핵심은 구성원들의 행동을 바꾸는 힘에 있다. 권한은 수행해야 하는 만큼 부여하고 책임은 감당할 수 있는 수준으로 설정한 뒤 불확실성과 일부 중첩에 따른 상시 조정 절차를 체계화하면, 아웃소싱 조직은 빠르고 단단하게 움직일 수 있다.

거울이 아닌 네트워크 방식의 협력

거울식 매핑의 덫을 버리고, 가치 흐름으로 조직을 설계하라

아웃소싱과 내부 IT 조직의 협업 구조를 설계할 때 가장 흔한 실수가 1:1 거울식 매핑이다. 고객사에 관리부서가 있으면 수행사에도 동일하게 관리부서를 배치하고, 고객사에 특정 기능팀이 있으면 수행사에도 동일한 팀을 구성해서 서로 짝을 맞추는 방식이다. 표면상으로는 책임소재가 분명해 보이지만 실제로는 의사결정은 고객사가, 실행은 수행사가 맡는 수직적인 구도로 굳어지게 된다. 이러한 경우 수행사의 성과와 정보는 특정 부서에서 쌓이고 공유되지 않으며, 수행사의 업무팀들은 고객사 관리부서의 검토와 승인을 기다리는 시간과 불필요한 보고 업무만 늘어난다. 문제를 해결하기보다는 문제를 그대로 전달하는 등의 비생산적인 역할이 생기고, 동일한 기능이 두 집단에 병렬로 존재함에 따라 회의와 문서만 복제되기 시작한다. 이 구조는 생산적이지도 효과적이지도 않다. 그저 현재 고객사의 기존 조직 체계와 권한을 보호하려고 하는 관성적인 의사결정일 뿐이다.

AX 시대의 아웃소싱에서 고객사와 수행사의 협력체계는 1:1이 아니라 다대다 관계로 운영되어야 한다. 하나의 수행사는 여러 고객사의 부서와 동시에 협업해야 하고, 고객사의 부서도 과제에 따라 여러 수행사와 병렬적으로 협력해야 한다. 따라서 해법은 상대 조직을 거울처럼 복제하는 것이 아니라, 각자가 맡을 기능과 역할 그리고 서로 만나는 접점을 명확히 설계하는 데 있다. 조직을 벽으로 나누지 말고 가치의 흐름을 먼저 그려야 한다.

고객사의 역할은 목표와 우선순위를 정하고, 수용 기준과 제약을 명확히 해야 한다. 무엇을 왜 하려는지, 어느 수준이면 성공으로 볼지를 판단하여 결과를 책임지는 역할이다. 수행사는 그 목표를 가장 빠르고 안전하게 달성하는 방법을 설계하고 실행하는 데 중점을 두어야 한다. 어떻게 수행할지, 어떤 순서와 도구가 적절한지를 주도적으로 제안하고 검증하며 실행하는 역할이다. 이렇게 큰 틀의 경계를 나누면 지시와 이행의 수동적 편 가르기가 아니라, 목표와 방법이라는 상호 보완적인 협력체계가 구성된다. 고객사는 해결해야 할 문제를 발굴하고 정의한 뒤 분석하며, 수행사는 해결 방법을 검토하고 제시해야 한다. 한쪽이 다른 쪽의 검토 과정을 간섭하고 세부적으로 통제하려 들수록 책임은 희미해지고 역할에 대한 주인의식은 사라진다.

아웃소싱 수행체계에서의 협력 방식은 네트워크 구조여야 한다. 특정 제품과 서비스 단위로 고객사 쪽에 작고 자율적인 팀을 운영하며, 이 팀이 과제별로 적합한 수행사와 직접 협력하도록 한다. 동일한 서비스라도 설계·구축·운영·데이터 분석처럼 속성이 다른 일을 단계별로 나눠 각기 강한 수행사를 선택하고 협업하는 편이 효율적이다. 이때 고객사 내부에 모든 것을 붙잡아 두는 총괄 관리부서를 두기보다, 각 서비스팀이 공통의 아웃소싱 협력 규칙 안에서 스스로 선택하고 조합할 수 있게 하는 편이 효율적이다. 공통의 규칙은 요구 접수 방식·변경 절차·품질 기준·일정·분쟁 처리 등으로 최소화하여 제공한다. 각 팀은 이 규칙을 준수하는 범위에서 유연하게 수행사를 선택하고 조정할 수 있어야 한다.

네트워크 방식의 아웃소싱 품질은 단순함에서 나온다. 고객사와 수행사가 공유하는 작업 목록·일정·성과 지표를 하나로 통합하여 운영해야 한다. 내부 보고와 고객사 보고 문서를 따로 만들고 서로 다른 숫자를 관리하기 시작하면 신뢰는 빠르게 사라진다. 의사소통도 투명하게 해야 한다. 한 수행사가 여러 부서와 협업하여 수행하듯, 한 의사결정도 여러 수행사가 동일한 정보를 보고 의견을 낼 수 있어야 속도가붙는다. 반대로 "모든 연락은 우리를 거쳐라" 등의 구호는 일의 속도를 늦추고 흐름을 끊는 가장 부적절한 방법이다.

거울식 매핑의 또 다른 폐해는 부서 간 핑퐁이다. 고객사 관리팀이 수행사 관리팀과만 대화하고 실제로 업무와 기술을 아는 사람들이 뒤에서 별도로 문서를 주고받는 구조가 되면, 문제는 현장을 거치지 않고 서류로만 움직인다. 이러한 경우 흔히 만들어지는 해결책이 프로세스를 새로 만들고 중간 관리층을 더 만들며 승인 단계를 추가하는 방식이다. 이는 불을 기름으로 끄려는 시도와 같다. 오히려 현장 간 직접적인 소통 채널을 더 많이 만들고, 중복 역할을 걷어 내며, 의사결정권을 그 문제와 가장 가까운 사람에게 위임해야 한다. 되돌릴 수 있는 결정은 가능한 실무에서 빠르게 내리고, 되돌릴 수 없는 결정만 관리자가 깊이 검토하는 기준을 세우면 시간 낭비와 책임 회피가 줄어든다.

다대다 방식의 네트워크 협력 구조가 복잡하게 느껴진다면 커뮤니케이션을 표준화하여 단순하게 만들 수 있다. 요구 사항을 접수할 때 필요한 최소 정보와 요청 절차, 변경을 승인하는 기준, 결과를 확인하는 방법 등 모든 수행사와 공유되는 기준과 정책을 고객사의 부서들에게도 동일하게 정의하여 모두를 연결시킨다. 만약 고객사나 특정 수행사에게만 예외적으로 운영하거나 특정 조직에 암묵지 형태로 운영되는 업무들을 방치하면, 사람과 수행사가 바뀌는 순간 모든 업무가 멈출 수 있다. 아웃소싱 수행체계의 설계 목표는 고객사의 구성원들이나 수행사가 변경되어도 업무가 흔들리지 않고 지속 가능하게 하는 것에 있다.

아웃소싱 수행사들의 조직 체계와 고객사 내부 조직의 구조는 거울처럼 1:1로 마주 보는 방식이 아니라, 업무와 가치가 원활하게 운영될 수 있도록 설계되어야 한다. 한 수행사는 고객사의 여러 부서와 협업할 수 있고, 한 고객사의 부서는 여러 수행사와 협력할 수 있다는 당연한 전제를 받아들이고, 각자의 기능과 역할을 명확히 하되 서로의 연결 규칙은 단순하고 투명하게 만들어야 한다. 그러면 아웃소싱 수행체계는 비효율적인 관행에서 자유로워지고, 속도·품질·책임은 동시에 높아진다. 안정감이 있어 보이는 거울식 매핑 방식보다는 원활하고 유연하게 업무와 가치가 흐를 수 있게 네트워크 방식으로 아웃소싱 수행체계를 설계하는 것이 훨씬 강력한 성과를 만든다.

멀티벤더 시대의 과업 설계
RASCI 기반의 세분화된 수행체계 설계

전통적인 방식의 토탈 아웃소싱(Total Outsourcing)은 단순했다. 고객사가 수행해야 할 최소한의 의무만 명시하고, 나머지 운영·유지보수·개선에 대한 모든 과업과 책임을 수행사에 일괄 위임하는 방식이었기 때문이다. 수행사에게 업무상 필요한 모든 권한을 포괄적으로 이관하는 방식이었기 때문에 수행사의 과업을 세밀히 분해할 유인이 크지 않았다. 이제 환경이 달라졌다. AX 시대에는 일반적으로 고객사 내부에도 개발과 운영을 하는 대규모 IT 조직이 존재하고, 여러 수행사가 역할을 분담하는 멀티벤더 구조가 일반화되었다. 이 상황에서 서비스 유지보수와 관련된 업무가 전부 수행사의 역할과 책임이라는 포괄적인 방식의 업무 위임은 곧바로 수행 과업의 공백과 모호함을 낳는다. 관제·변경·승인·복구의 책임 관계가 불명확해지면 업무 속도는 떨어지고 수행사 간의 분쟁과 갈등은 늘어난다. 해법은 고객사와 수행사·벤더별로 수행해야 할 과업을 실행 단위까지 상세하게 세분화하고, 각 항목에 대해 RASCI로 역할을 명확히 지정하여 빈틈과 겹침을 제거하는 것이다.

세분화는 선언이 아니라 실질적인 행위 단위로 이루어져야 한다. 단순히 모니터링 등의 추상어가 아니라 임계값 설정·경보 해제·중복 제거·원인 상관분석·초기 대응·근본 원인 분석·재발 방지 등록처럼 실제 업무나 행동 수준까지 쪼갠다. 이렇게 나눈 항목마다 실무 담당(Responsible)과 최종 책임(Accountable), 지원(Support), 자문(Consulted), 공유(Informed)의 주체를 지정한다. 이 과업 정의서는 고객사가 통합하여 관리하되 모든 수행사와 공동으로 검토하고 결과를 공유해야 한다. 중복되는 부분은 단일 주체로 통합하고, 비어 있는 구간은 즉시 보완해야 한다. RASCI는 아웃소싱 계약 부록이 아니라 아웃소싱 수행체계의 설계 도면이므로 주기적으로 최신화하고, 조직 변화나 수행사 교체가 있을 때마다 즉시 개정해야 한다.

하지만 과업 정의서를 세분화하고 빠르게 공유하는 것만으로는 부족하다. 현장에서 매 사안마다 과업 범위 정의서를 펼쳐 보면서 업무를 진행할 수는 없다. 따라서 어떤 수행사가 어떤 업무 영역을 맡을지 큰 틀에서 먼저 원칙을 정해 두어야 한다. 업무 분야와 서비스의 1차 책임 주체를 미리 선언하고, 기본적인 업무의 원칙을 함께 명시한다. 가령 "가용성·성능·보안 관제는 플랫폼 수행사가 1차 책임", "업무 로직·화면·데이터 정확성은 각 서비스 운영 수행사가 1차 책임"처럼 수행체계에 대한 상위 원칙과 기준을 확립해 두면 애매한 상황에서도 일관된 판단이 가능하다.

또한 이러한 원칙을 실행까지 연결하려면 업무 프로세스와 시스템이 계약 구조와 정합성을 가져야 한다. 요청 접수·우선순위 배정·처리·검수·변경·배포·사후 관리까지의 전 과정을 계약상의 RASCI와 1:1로 매핑하여 ITSM 등의 업무 시스템에 그대로 구현해야 한다. 요청 양식·상태·승인 권한에 대한 시스템상 처리 절차가 계약과 어긋나면 사람마다 다른 해석이 생긴다. 반대로 시스템이 계약을 충실히 구현하고 데이터가 자동으로 남으면 누가 무엇을 언제 어떻게 했는지가 그대로 기록으로 증명되고 불필요한 논쟁이 줄어든다. 이러한 사유로 과거와 달리 ITSM 시스템은 수행사가 아닌 고객사가 소유하고 업무 프로세스와 운영 기준을 직접 설계하는 편이 바람직하다. 다양한 벤더가 동일하게 일관된 업무 프로세스를 유지해야 하고, 수행사가 바뀌어도 일하는 방법은 변하지 않으며, 업무 과정에서의 데이터 연속성과 투명성이 보장되어야 하기 때문이다. 또한 고객사의 비즈니스 부서와의 접점에서는 이런 아웃소싱의 복잡함을 최대한 숨겨야 한다. 업무를 요청하는 사용자 부서의 현업 직원이 매번 이 작업이 어느 수행사의 업무 범위인지를 판별하도록 요구하면 멀티벤더 아웃소싱 체계는 동작할 수 없다. 하나의 업무 처리 포털과 커뮤니케이션 채널을 구축해야 한다. 비즈니스 부서의 요청은 하나의 문으로 들어오고 IT 내부에서 사전 협의된 업무 할당 규칙을 기반으로 RASCI와 서비스 카탈로그를 참고해 적절한 수행사·벤더의 담당자에게 자동 배분한다. 진행 상황과 책임자는 동일한 시스템에서 추적 관리되고 변경 시 자동으로 통보한다. 이렇게 해야 수행사 업무 배치도를 외우지 않고도 업무가 흐를 수 있다.

멀티벤더 환경의 핵심 위험은 과업 범위의 경계선에서의 갈등이다. 과업 정의와 커뮤니케이션 체계가 고도화될수록 업무의 경계가 한 번 정하면 끝이라는 환상은 버려야 한다. 신규 서비스 출시, 새로운 기술 도입, 규제 해석 변경, 조직 개편 등이 있을 때마다 업무의 경계가 매번 흔들린다. 따라서 업무의 경계는 문서로만 정의해 놓고 끝내는 것이 아니라 실제 운영에서 동작하도록 지속적으로 현행화해야 한다. 그리고 다가올 수행체계 변경의 영향을 미리 분석하는 아웃소싱 수행체계 협의체를 정례화한다. 이 협의체에서는 단순히 목표 달성 여부만 보지 말고 업무 범위의 혼선, 과업의 중복, 업무 처리 지연의 패턴을 찾아 RASCI와 프로세스를 비교하여 수정해야 한다.

AX 시대의 표준인 멀티벤더 아웃소싱의 과업 설계는 과업 범위 정의서를 상세하고 두껍게 작성하는 계약서로 해결되지 않는다. 일을 실행 단위로 분해하여 역할을 정밀하게 배분하고, 시스템으로 정의하며, 외부 접점은 단일 창구로 단순화해야 한다. 여기에 상위 수준의 역할 귀속 원칙을 미리 정의해서 판단의 일관성을 확보한다. 이 네 축이 동시에 작동할 때 AX 시대의 불확실성과 복잡성은 내부에서 흡수되고, 비즈니스는 한결같은 속도로 전진한다. 멀티벤더의 수행체계는 이러한 아웃소싱 관리 체계 위에서만 효과적으로 동작할 수 있다.

구현이 아니라 질문을 하는 조직

AX 시대의 중심축은 의도와 요구 사항을 정의하는 일

아웃소싱 조직이 해결해야 하는 고객사의 문제는 점점 복잡해지고 있다. 이로 인해 고객사들은 자신들의 문제를 정의하기 어려워하거나 문제의 본질 자체를 모르는 경우도 많아지고 있다. 과거의 IT 아웃소싱 프로세스는 정해진 요구서를 정확히 구현하는 능력에 초점이 맞춰져 있었다. 설계도에 적힌 항목을 하나씩 만들고, 테스트와 검수를 거쳐 요구 사항과 일치하는지를 확인하는 절차가 중요했다. 핵심 질문은 요구한 대로 만들었는지 확인하는 것이며, 성공의 증거는 체크리스트를 얼마나 신속히 채웠는지를 점검하는 것이었다. 그러나 AX 시대의 아웃소싱 환경에서는 이러한 접근 방식이 더 이상 중심이 아니다. 고객사 스스로도 자신들이 가지고 있는 문제의 본질을 명쾌히 설명하지 못하는 경우가 늘었고, 해결책의 형태 또한 처음부터 결정되어 있지 않은 경우가 많다. 이로 인해 정해진 결과물을 정확하고 빠르게 구현하는 역량보다 정답을 발견하기 위해 문제와 요구 사항을 정의하고 분석할 수 있는 역량이 아웃소싱의 성과를 좌우하고 있다. 신속하게 해결하는 조직이 아니라 고객사의 시각에서 고객사와 함께 문제를 분석하고 요구 사항을 정의하는 역할이 중요해지고 있다.

고객사의 요구 사항은 더 이상 어떤 기능을 추가해 달라는 수준으로 단순하지 않다. 불만은 늘 구체적인데 원인은 모호하고 해법은 여러 가지 방식으로 갈라지는 경우가 다반사다. 이때 필요한 사람은 키보드를 잘 두드리는 개발자가 아니라, 흐릿한 문제를 명확하게 문장으로 바꾸고 선택지의 장단점을 비교하여 하나의 길을 채택하도록 돕는 사람이다. 과거에는 비즈니스 분석가(BA, Business Analyst)와 테크니컬 라이터(Technical Writer)가 여기에 해당했고, 최근에는 전방 배치 엔지니어(FDE, Forward Deployed Engineer)가 이 역할에 해당한다. 이들은 현장의 요구 사항·고객의 행동·규정의 제약·데이터를 잇는 실을 찾아 문제와 요구 사항을 정의한다. 이들이 문제의 배경과 목표, 영향을 받는 사람과 절차, 기대 결과와 측정 방법을 한 페이지로 정리해 주면 기술 선택과 구현은 자연히 뒤따른다. 결국 아웃소싱의 초점은 어떻게 만들지가 아니라 무엇을 만들지를 밝히는 일로 이동했다.

요구 사항을 정의하는 과정은 질문의 연속이다. 지금의 불편이 왜 생겼는지, 없애려는 기능과 남겨야 하는 가치는 무엇인지, 가장 작은 단위로 어떻게 실험하면 어디에서 효과를 확인할 수 있는지 등의 질문이 차례로 이어진다. 고객 여정과 내부 업무 흐름을 함께 펼쳐 작은 관찰을 모으고, 가설을 세워 빠른 실험으로 확인하는 리듬을 만든다. 이렇게 정리된 요구 사항들은 기능 명세서가 아니라 의도 명세서에 가깝다.

고객사의 의도와 요구 사항이 명확해지는 순간, 구현과 검증의 많은 부분은 AI 기술을 활용한 자동화로 이관할 수 있다. 반복이 많은 코딩과 배포, 시험과 점검은 AI 도구와 Agent가 더 정확하게 처리한다. 사람은 예외와 판단, 맥락의 조정에 집중한다. 다시 말해 사람의 시간은 문제를 이해하고 언어로 정리하는 구간에 투자되고, 기계의 시간은 정해진 절차를 흔들림 없이 수행하는 구간에 투입된다. 이 역할 분리는 속도와 품질을 동시에 끌어올린다. 요구의 정의가 부실하면 자동화는 부실을 대량 생산하고, 요구의 정의가 명확하면 자동화는 품질을 일정하게 만든다.

이 지점에서 아웃소싱 조직에서는 기술 역량이 아니라 인문학적 감수성과 도메인 지식이 힘을 발휘한다. 조직 고유의 언어와 관습, 고객이 쓰는 말투와 망설이는 순간, 규정의 뜻과 현장의 현실 사이의 틈을 읽어 내는 능력은 기술과 소스 코드로 대체되지 않는다. 현장의 뉘앙스를 문장으로 바꾸고 문장을 결정으로 바꾸는 과정은 AI 기술이 대체할 수 없는 사람의 작업이다. 그래서 AX 시대의 아웃소싱은 기술적 설명서·설계도보다 잘 쓰인 문제 정의서가 더 많은 가치를 만든다. 기술은 늘 풍부하고 가격은 점점 저렴해지고 있지만, 좋은 질문과 문제 해결 역량은 더욱 희소해지고 있다.

요구 사항을 정의하는 능력을 아웃소싱 조직에 안정적으로 자리 잡게 하려면 관리의 틀 자체를 바꿔야 한다. IT 서비스 운영을 다루는 전통적인 관리 방법은 고객사의 요청을 받고 처리하는 흐름에 강하다.

그러나 무엇을 왜 요청해야 하는지, 그 요청이 비즈니스 목표와 어떻게 연결되는지, 성공을 무엇으로 판단할지는 별도의 역할이 책임져야 한다. 이 역할이 비즈니스 관계 관리(BRM, Business Relationship Management)이다. 관계 관리는 IT와 현업 사이의 단순 전달 창구가 아니라 공동의 목표를 설계하는 협력자이다. 현업의 계획과 제약·위험의 허용 가능한 범위 등을 파악해 문제의 우선순위를 정하고, 작은 실험으로 효과를 확인해 확장하는 길을 열어 준다. 관계 관리가 강화되어 있으면 요구 사항을 정의하는 일은 누가 시킨 업무를 확인하는 단계가 아니라 왜 필요한지 가치와 중요도를 검토하고 판단하는 단계로 변화하게 된다.

관계 관리가 거창한 조직 개편을 뜻하지는 않는다. 중요한 것은 만나는 리듬과 기록의 형식이다. 월간 예산 회의가 아니라 주간 문제 회의가 중심이 되어야 하고 다양한 조직 간의 소통은 지속적으로 이루어져야 한다. 각 과제는 문제 정의·가설·실험 설계·확인 지표·확장 기준의 다섯 가지 항목만으로도 충분히 관리할 수 있다. 이렇게 쌓인 다섯 가지 항목들이 조직의 기억이 되고, 다음 요구 사항을 정의할 때 속도를 높이는 능력이 된다. 요구의 질은 회의의 길이가 아니라 관계의 밀도가 결정한다.

아웃소싱 계약의 방식도 바꿔야 한다. 결과를 코드와 화면으로만 규정하지 말고 문제 정의서·결정 기록·실험 결과·확장 기준·운영 목표·검증 방법 등을 함께 납품 항목으로 지정해야 한다. 검수는 기능의 존재가 아니라 문제 해결의 정도, 즉 결과 지표의 개선으로 본다. 비용 또한 투입 인력과 시간이 아니라 요구 단위와 결과 단위로 계산한다. 관계 관리가 성숙하면 실패의 비용이 줄어든다. 아웃소싱을 설계하는 과정에서 일하는 방식을 잘 규정해야 현장의 행동과 언어가 변할 수 있다.

불확실성이 커지고 있는 AX 시대에서는 의미 없는 결정이나 잘못된 결정 열 개를 빠르게 하는 것보다, 의미가 있는 올바른 의사결정 하나를 잘하는 것이 무엇보다 중요하다. AX 시대의 아웃소싱은 완성된 설계도를 빨리 만드는 경쟁이 아니라, 문제를 상세하고 충분히 분석·검증하여 의사결정을 내린 뒤 적용 규모를 빠르게 확장하는 경쟁이다. 따라서 고객사의 요구 사항을 빠르게 개선하고 적용하는 엔지니어링 조직뿐만 아니라, 고객사와 함께 충분한 시간을 가지고 고객사의 문제를 고민하고 분석할 수 있는 조직이 점점 중요해지고 있다. 고객사의 문제와 요구 사항이 분명해질수록 자동화는 강력해지고, 자동화가 확대될수록 아웃소싱 조직은 고객사의 본질적인 문제 해결에 더 많은 시간을 사용할 수 있다. 기술을 고르는 눈은 여전히 중요하지만, 문제를 이해하고 분석하여 실행 방법을 설계하는 역량은 그보다 더 중요하다. 좋은 질문이 있는 조직에 빠른 실험과 확실한 혁신이 뒤따르고, 그 축적이 그 조직의 경쟁력이 된다.

7

프로세스에 대한 고민과 이해

프로세스와 의사결정 체계의 재설계
두 개의 문 앞에서 결정하라

아웃소싱에서는 모든 업무 프로세스에 책임자를 지정해야 한다. 프로세스의 책임자는 업무 결과의 주인이다. 책임자는 모든 승인 버튼을 직접 누르는 결재자가 아니다. 책임자의 역할은 목표를 분명히 이해하고 업무가 실행되도록 하며, 문제가 생기면 방향을 바로잡는 것이다. 한국 조직에서 자주 보이는 관행 중에는 책임자와 승인자를 동일시하는 태도가 있다. 업무의 책임자가 반드시 모든 업무를 승인해야 하는 것은 아니다. 그렇게 되면 작은 변경 하나에도 결재 라인이 길어지고, 사고가 발생하면 또다시 승인 단계를 한 단계 더 올리는 악습이 반복된다. 이렇게 되면 검토 단계에서는 아무도 스스로 판단하지 못하여 업무 속도가 떨어지고, 문제가 발생해도 상급자의 지시라는 변명만 남게 되고 책임이 희석된다. 여러 조직이 함께 움직이는 아웃소싱 환경에서는 이러한 관행이 특히 위험하다. 책임의 경계가 흐려지고, 실제로 결정해야 할 사람이 결정을 미루게 되기 때문이다.

이 악순환을 끊는 방법은 아마존의 창업자 제프 베이조스의 의사결정 방식으로 널리 알려진 두 개의 문(Two-Way Door) 원칙을 적용하는 것이다. 이 원칙에 따르면 세상의 모든 문제는 두 가지로 구분할 수 있다. 첫 번째는 두 개의 문이 존재하는 되돌릴 수 있는 결정(Reversible Decision)이고, 두 번째는 하나의 문밖에 없는 되돌리기 어려운 결정(Irreversible Decision)이다. 되돌릴 수 있는 결정은 현장 실무자가 즉시 결정하는 것이 원칙이다. 문구 수정·응대 순서 조정·화면 배치·동선 개선 등의 일은 기존 의사결정의 빠른 회수와 수정이 가능하므로 일단 실행하고 짧게 기록을 남기는 편이 아웃소싱 조직 전체의 속도를 높인다. 되돌리기 어려운 결정은 회사 차원의 신중한 심사가 필요하다. 장기 계약 체결·해지, 가격 정책 변경, 민감한 개인정보 보관 방식 조정, 핵심 시스템 전환 등의 일은 다양한 이해관계가 존재하며 소요되는 비용과 리스크가 크다. 이러한 업무는 근거 자료·대안 비교·최악 시나리오 등을 갖춘 뒤 프로세스에 따라 검토한 후 책임자가 승인하는 절차가 필요하다. 업무 영역별로 어떤 결정이 어느 문에 속하는지 예시 목록을 만들어 공유하면 경계가 더욱 선명해진다. 이 경계를 나누는 데 있어 애매함이 생기면 이 결정의 결과를 향후에 되돌리기 쉬운지 여부에 따라 업무의 성격을 나눠 보는 것으로 시작한다. 되돌리기 어려운 결정이라면 절차에 따라 검토를 시작하고, 즉시 되돌릴 수 있는 결정이라면 그 문제는 현장에서 곧바로 처리하면 된다.

사고가 났을 때의 대처 방법도 달라야 한다. 되돌릴 수 있는 결정에서 발생한 문제는 즉시 공개하고 빠르게 복구하며 재발 방지에 집중하는 것이 적절하다. 페널티보다 아웃소싱 조직의 경험과 학습이 우선이다. 이런 경험이 쌓일수록 현장의 실무자는 책임감을 가지고 더 빠르고 정확하게 판단할 수 있다. 되돌리기 어려운 결정에서 발생한 문제는 접근 방법 자체가 달라야 한다. 절차를 지키지 않았거나 사전 검토가 부실했다면 책임을 분명히 하는 것이 향후 조직의 안전을 지키는 방법이다. 하지만 절차와 검토를 충분히 이행했음에도 그 결과가 나빴다는 사실만으로 과도하게 문책을 남발하면 누구도 결정을 하지 않으려는 부작용이 생긴다. 절차를 무시하거나 해야 할 의무에 대해 노력하지 않은 측면에 대해서는 예외 없이 강하게 대응하되, 결과에 문제가 있더라도 성실하게 판단 과정을 거친 사안은 존중하는 원칙이 필요하다. 핵심은 실수 자체보다 절차 무시나 의무 미준수에 대해서는 일관성을 가지고 강경하게 대응하는 아웃소싱 문화가 중요하다는 점이다.

프로세스상의 역할들도 명확하게 다시 정비해야 한다. 프로세스의 책임자는 결과를 책임지는 사람이다. 실행 담당자는 현장을 가장 잘 아는 사람이며 실행 방법을 검토하여 최종적으로 업무를 수행하는 사람이다. 검토자는 이 업무에 대한 위험과 맹점을 짚어 주는 사람이다. 보고받는 사람은 흐름과 결과를 공유받는 이해관계자이다. 이 네 역할을 명확히 하면 프로세스의 결재 라인이 책임 회피의 방패로 변질되는 현상을 막을 수 있다. 책임자가 담당자를 배정하는 행위 자체가 책임의 시작이라는 인식도 필요하다. 업무를 담당자에게 맡겼다면 그 담당자를 신뢰하고 현장에서 직접 처리하게 해야 한다. 승인자는 모든 결정을 자기 손에 쥐고 흔드는 사람이 아니라, 되돌리기 어려운 결정에 대해 의사결정을 하는 마지막 안전장치라는 사실을 잊지 말아야 한다.

일상 운영을 뒷받침하는 장치도 간단할수록 강력하다. 작은 변경은 사전 승인 대신 사후 기록으로 대체하는 것이 좋다. 무엇을 바꿨고 왜 바꿨는지 기대 효과와 실제 결과가 어땠는지를 간략하게 남기면 충분하다. 되돌리기 어려운 결정은 표준 양식 및 절차 등을 사전에 충분히 준비한다. 추진 배경·선택지·예상 이익·리스크·회수 비용·영향도·모니터링 방법 등을 포함한 완결된 보고 양식을 통해 승인자의 의사결정을 지원해야 한다. 주기적으로 되돌릴 수 있는 결정 비율과 승인 대기 시간의 추세를 함께 보는 것도 유용하다. 만약 어떤 업무의 승인 비율이 100%가 되는 업무가 존재한다면, 그 업무의 의사결정이 무의미하다는 것을 의미한다. 이러한 프로세스는 승인 절차가 필요한지 다시 한번 검토하고 조정한다. 만약 승인 대기 시간이 길어지고 있다면 현장 판단의 권한이 줄어들고 있다는 신호이다. 이는 곧 아웃소싱 조직의 속도 저하로 이어지기 때문에 빠르게 해결 방안을 마련해야 한다.

아웃소싱 관계에서는 고객사와 수행사가 동일한 원칙을 공유하는 것이 특히 중요하다. 고객사는 모든 결정을 승인한다는 태도에서 벗어나, 수행사에게 자율성을 제공할 수 있는 결정의 범위를 명확히 정의해야 한다. 수행사는 그 범위 안에서 책임감 있게 판단하고 직접 실행하되, 업무 과정과 결과를 성실히 기록·공유해야 한다. 이렇게 하면 현장의 자율성과 창의성에 기반한 AX 혁신의 속도와 회사의 안전이 동시에 높아진다. 책임은 분명히 하고 승인은 최대한 간소화하여 현장에 가깝게 하는 원칙이 자리 잡을수록, 조직은 더 빨라지고 단단해진다. 결국 좋은 아웃소싱 프로세스의 핵심은 누가 모든 것을 결정하는지가 아니라 모두가 자신들의 업무에 대해서 망설임 없이 주도적으로 결정을 내릴 수 있는지에 달려 있다.

의도치 않은 비용을 다루는 법
표준은 얇게 하고 다양성은 넓게 하라

정책이나 프로세스를 설계할 때 그 목적을 달성하는지 여부만 확인하는 것은 절반만 검토하는 것과 같다. 개선 효과와 더불어 새롭게 만들어지는 업무 규칙으로 인해 아웃소싱 현장에서 유발되는 부작용과 비효율의 총량을 함께 검토해야 한다. 동일한 업무를 수행하더라도 구성원들과 그 조직은 제각기 상황이 다르고, 특히 아웃소싱 환경에서는 고객사와 수행사의 조직 문화와 동기가 다층적으로 얽혀 있다. 좋은 의도로 도입한 업무 절차가 오히려 속도를 늦추거나 갈등을 유발하고 자율성과 창의성을 없애는 등의 보이지 않는 비용을 발생시킬 수 있다는 점을 전제로 시작해야 한다.

업무 프로세스의 표준화는 필요하지만 과도한 표준은 조직에 해롭다. 아웃소싱 과정에서 필요한 업무 도구·승인 단계·양식·보고 주기 등을 과도하게 구체적으로 촘촘히 지정해 놓으면 초기에는 업무에 질서가 생긴 것처럼 보이지만 곧 결정 지연·책임 회피·현장 우회 등의 문제가 늘어난다. 특히 사건·사고가 발생한 뒤 후속 조치로 통제 절차를 추가하는 관성적인 습관은 매우 위험하다. 한 번 더 결재하거나 예외를 금지하는 처방은 단기적으로 안정을 주는 듯하지만, 아웃소싱 구성원들을 수동적으로 만들고 장기적으로는 실력을 약하게 만든다. 한 번 굳어진 수동성은 쉽게 되돌리기 어렵다. IT 특성상 결과물의 내부가 외부에서 잘 보이지 않기 때문에, 수행사 직원의 태도와 소속감·책임감·창의성이 서비스의 품질을 좌우한다는 사실을 잊지 말아야 한다. 이는 계약으로 강제할 수 있는 문제가 아니며, 존중을 전제로 한 관계 설계로만 해결할 수 있는 영역이다. 업무 프로세스 전반에 이러한 철학을 적극적으로 반영해야 한다.

따라서 아웃소싱 프로세스 설계는 효과와 부작용을 동시에 검토해야 한다. 첫째, 목표와 Anti-목표를 함께 검토해야 한다. 예를 들어 보안을 강화한다는 목표와 승인 절차로 인해 서비스 출시를 지연하지 않는다는 목표를 함께 명시하여, 한쪽으로 과도하게 규제와 통제가 강화되지 않도록 균형을 맞춰야 한다. 둘째, 개선 효과는 순이익 관점으로 검토해야 한다. 도입에 따른 이익에서 교육·준수·예외 처리에 드는 시간과 비용을 뺀 실효적인 가치를 계산해야 하며 이를 주기적으로 갱신해야 한다. 셋째, 현장과의 공동 설계를 기본으로 한다. 실제로 일하는 사람과 수행사의 리더가 프로세스 초안 단계부터 참여해야 숨은 제약과 기회를 발견할 수 있다. 넷째, 작게 시작해 빠르게 검증한다. 전면 시행보다 소규모 파일럿으로 부작용을 확인하고, 목표한 기준을 넘어선 편익이 확인될 때만 확장한다. 다섯째, 예외의 통로를 미리 만든다.

규정이 좋은 결과를 막을 때 신속히 우회할 수 있는 절차를 마련하고 사용 내역을 모두 공개해 우회 등 잘못된 사용을 억제한다. 여섯째, 모든 정책에는 유효 기간을 둔다. 모든 정책에는 발효되는 시점뿐만 아니라 재검토 시점을 함께 적어 자동으로 낡은 규정을 걷어 내야 한다.

관계의 언어도 중요하다. 수행사에게는 정해진 방법을 따르라는 방식보다는 결과를 이 수준으로 달성하라는 요청이 더 적절하다. 방법은 가능하면 맡기고 성과와 위험만 통제해야 한다. 반대로 수행사는 진행 상황·고민·실패의 원인 등을 가리지 말고 빠르고 주기적인 공유를 원칙으로 해야 한다. 상호작용의 기본 원칙을 지시·복종이 아니라 목표·자율·결과로 옮겨야 현장의 업무 리듬이 살아난다. 정책 문서 역시 최소한의 핵심만 담고, 나머지는 가이드·예시·체크리스트를 상시 현행화하는 방식이 좋다. 길고 오래된 문서보다는 짧고 자주 개선·수정되는 문서로 정책이 운영되어야 한다.

사건·사고 대응은 특히 섬세해야 한다. 사고 직후에는 원인을 찾아 재발을 막는 학습 과정에 집중하고, 처벌로서의 통제 강화는 최대한 자제하며 최후의 수단으로 남겨 두어야 한다. 즉시 되돌릴 수 있는 실패는 그 상황과 실패 요인, 향후 대책 등의 정보 공개와 빠르고 실질적인 복구·개선으로 다뤄야 한다. 되돌리기 어려운 실패는 정해진 절차 위반에 대해 단호해지는 것이 균형감 있는 대응 방식이다. 실수한 사람을 탓하는 회의가 반복되면 현장은 침묵을 선택하고 결국 더 큰 사고를 부른다. 반대로 투명성과 신뢰가 자리 잡으면 작은 징후가 빨리 확인되고 큰 위험을 미리 방지할 수 있다.

　표준은 간결하게 운영하고 다양성을 존중해야 한다. 표준은 안전선·공통 언어·기록의 형태처럼 꼭 필요한 핵심만 명확화하고, 나머지는 팀과 수행사가 상황에 맞게 선택하도록 남겨야 한다. 정책과 프로세스는 통제의 장치가 아니라 성과와 학습을 가속하는 도구여야 한다. 도입하는 이익과 부작용의 손해를 하나의 양팔 저울에 올려 보고 현장의 목소리를 기반으로 설계하여 작은 테스트로 검증한 뒤 차분하게 적용해야 한다.

유연한 업무 프로세스의 설계 방법
시작과 끝을 표준화하고 가운데는 유연하게 설계하라

아웃소싱 업무 프로세스는 두 가지 가치를 동시에 요구한다. 한편에서는 일관된 기준과 절차로 흐름을 정리해야 하고, 다른 한편으로는 각 부서와 아웃소싱 수행사 및 서비스의 특성에 맞춘 다양한 시도에 대한 자율성이 허용되어야 한다. 이 모순을 풀어내는 가장 실용적인 해법은 프로세스의 시작과 끝을 강하게 표준화하고, 가운데 구간은 유연하게 설계하는 것이다. 시작과 끝의 기준을 단단하게 적용하면 업무의 속도와 품질을 동시에 확보할 수 있고, 중간 단계의 자율적인 업무 프로세스는 창의적 해결과 현장 최적화를 가능하게 한다.

시작 단계의 표준화는 고객사의 현업 부서가 아웃소싱 업무를 요청하는 순간부터 적용된다. 요청 창구를 한곳으로 통합하고, 요청서의 필수 항목을 최소로 정한다. 업무 유형·긴급도·마감일·이해관계자·기대 효과 등의 핵심만 요구하고, 요청의 맥락을 이해할 수 있도록 마지막에 자유롭게 서술할 수 있는 항목을 추가한다. 다양한 체크박스를 늘리는 대신 왜 필요한지 무엇이 달라지는지를 명확하게 설명하게 하면 분류와 우선순위가 한층 정확해진다. 요청이 접수되면 동일한 사건을 처음부터 끝까지 따라갈 수 있도록 식별자를 부여해 이후의 모든 기록과 자동으로 연결되도록 한다. 입구에서의 표준은 이처럼 단순하고 강력해야 한다.

중간 단계는 아웃소싱 수행사의 자율 구역이다. 문제를 푸는 순서·도구·협업 방식은 아웃소싱 수행 조직이 스스로 정하도록 두되, 안전선과 정지선만 명확하게 정의한다. 요구 사항 변경은 누가·언제·어떤 근거로 결정하는지의 기준을 미리 정하고, 되돌릴 수 있는 시도는 현장에서 즉시 실행·회수할 수 있게 권한을 최대한 위임한다. 프로세스에도 작은 단위의 실험을 허용하면, 각 부서는 자신의 맥락에 맞는 최적의 작업 흐름을 스스로 발견한다. 이 과정을 매뉴얼로 과도하게 통제하면 현장에서는 해당 프로세스가 빠르게 양식 채우기로 굳어지고 속도는 떨어지며 별도의 업무 관리 장부나 프로세스를 자체적으로 운영하게 된다. 업무의 유연성은 방임이 아니라 업무 경계와 시간 제한 속에서의 자율이라는 사실을 분명히 해야 한다.

마지막 단계에서의 표준화는 품질·지식·계약 관리를 한 번에 해결하는 장치다. 완료 시점에는 수행사 직원이 직접 기록하는 장문의 보고서를 요구하기보다, 업무 수행 과정에서 시스템에 자동으로 남겨진 발자국들을 모아 하나의 영수증으로 정리하도록 설계하는 것이 효과적이다. 접수→처리→검토→모니터링 등의 주요 단계에서 처리 시간·오류·변경 내용이 자동으로 기록되도록 한다. 완료 시점에는 품질 확인·지식 축적·계약 검수에 필요한 최소 항목만 최종 확인하고 보완하게 한다. 결과물의 위치와 내용, 체크리스트 충족 여부, 다음 개선 제안이 빠짐없이 담긴 완료 패키지가 곧 정산과 평가의 근거가 된다. 출구가 이렇게 표준화되면 분쟁은 줄고 학습 자산은 쌓인다.

업무 프로세스에 기록되는 데이터는 적을수록 빠르고, 자동화될수록 정확하다. 입력 항목이 늘어날수록 결측치가 생기고, 결측치가 많은 데이터는 결과적으로 데이터가 없는 것과 동일하다. 현장에서 수작업으로 넣어야 하는 데이터는 꼭 필요한 경우에 한해 최소한으로 제한해야 한다. 나머지는 시스템이 대신 기록하도록 한다. 그리고 사람이 직접 입력한 데이터는 대가 정산의 핵심 근거로 쓰지 않고 표본 감사로만 활용하는 편이 왜곡을 줄인다. 측정은 업무의 부산물이어야 하고 측정을 위해 업무를 바꾸는 일이 없어야 한다.

업무 속도를 저해하는 대표적 실패 패턴은 중간까지 모두 표준화하려는 것과 수작업 데이터 입력을 늘리는 것이다. 단계별 승인, 세부 산출물 강제, 과도한 공통 양식은 팀을 관리의 굴레에 묶는다. 이런 구조에서는 어려운 일을 피하거나 티켓을 잘게 나눠 처리량을 부풀리는 식의 문제가 생긴다. 반대로 입구와 출구만 표준화하고 중간을 자유롭고 유연하게 운영하면, 팀은 성과를 향해 자신들만의 방식으로 달릴 수 있다. 표준은 최소의 공통 분모로만 만들고, 유연성은 현장 최적점을 찾게 한다. 둘의 경계가 명확해야 조직이 헷갈리지 않는다.

아웃소싱의 관리는 간소화하되 기록은 치밀해야 한다. 중간 단계에서의 변경과 의사결정은 긴 보고서보다 한 문장 요약과 자료 링크로 남기고, 누가 언제 무엇을 바꿨는지의 흔적만 확실히 남긴다. 승인 대신 사전 합의된 기준에 따른 통지를 원칙으로 하고, 기준에 미달하면 자동으로 업무를 멈추게 해야 한다. 사람의 검토·승인이 아니라 정해진 규칙에 따라 프로세스 흐름을 제어하면, 속도와 안전을 동시에 확보할 수 있다. 이런 방식이야말로 표준과 유연성을 동시에 만족시키는 프로세스 설계다.

결과적으로, 아웃소싱 업무 프로세스의 시작과 끝은 전사 표준으로 맞추고, 가운데의 중간 과정을 각 팀이 스스로 최적화하는 입구·중간·출구 구조가 가장 효율적이다. 시작은 현업 친화적으로, 끝은 품질·지식·정산 등 거버넌스 친화적으로, 가운데는 문제 해결 친화적으로 설계한다. 불필요한 데이터 요구를 최소화하며 자동 기록과 최소 필수 데이터 원칙으로 운영하면, 업무의 속도는 빨라지고 정확성은 높아진다. 표준은 신뢰를, 유연성은 성과를 만든다. 이 두 축을 제대로 결합하여 설계하는 것이 아웃소싱 업무 프로세스의 핵심이다.

7.4

10년을 견디는 단단한 프로세스
조직과 수행사가 바뀌어도 흔들리지 않는 방법

아웃소싱의 업무 프로세스를 설계할 때 가장 중요한 기준은 사람과 조직이 바뀌어도 업무 프로세스는 그대로 작동해야 한다는 것이다. 수행사가 교체되고 고객사의 조직 구조와 전략이 바뀌어도 기능할 수 있는 절차만이 진정한 프로세스다. 반대로 특정 조직도와 직함, 개인의 재능에 맞춰 짜 놓은 프로세스는 조직 개선과 인사 배치가 이루어지는 순간 모래성처럼 무너진다. 그래서 프로세스는 조직도를 베끼지 말고 일이 흘러가는 순서를 중심으로 그려야 한다. 무엇을 왜 요청하고, 어떤 기준으로 승인하며, 어떤 순서로 실행하고, 어떤 증거와 잣대로 결과를 확인하는가. 이 네 단계의 흐름을 조직명과 도구 이름 없이 정의할 수 있어야 한다.

프로세스와 조직은 다르다. 프로세스는 해야 할 일의 약속이고, 조직은 그 약속을 누가 맡아 언제 수행할지에 대한 배치다. 일의 약속은 바꾸기 어렵고 역할의 배치는 바꾸기 쉬워야 장기적인 아웃소싱 운영이 가능하다. 동일한 업무라도 때로는 고객사가, 때로는 수행사가 맡을 수 있다. 그러나 입력과 출력, 승인 기준과 결과 검증의 원리는 변하지 않아야 한다. 이 구분이 흔들리면 매년 조직 개편 때마다 업무 프로세스를 갈아엎고, 현장은 새 서식과 정책을 익히느라 시간을 낭비한다. 프로세스는 주인과 수단에서 독립되어야 한다. 누가 수행하는지가 중요한 것이 아니라 무엇을·어떻게 증명할 것인지를 검토하여 프로세스를 정의해야 한다.

시작과 끝이 단단하고, 중간은 유연한 프로세스는 10년을 견딜 수 있다. 시작 단계에서는 요청을 받는 방식과 필수 정보를 정의해야 한다. 업무 성격을 식별할 수 있는 분류·목적·기한 등 의사결정에 필요한 핵심 근거만 받는다. 나머지 맥락은 자유서술로 남겨 현장의 판단 여지를 살린다. 마지막 단계는 품질 검수와 지식 관리에 대한 기준을 명확화하는 것이다. 업무의 결과를 어떤 잣대로 확인할지, 실패 시 어떻게 행동해야 할지를 명문화한다. 반면 중간은 과업 특성에 맞게 유연하게 조정할 수 있어야 한다. 수행사가 바뀌거나 도구가 바뀌어도, 요청→결정→이행→검수의 네 기둥만 같으면 몸통은 바뀔 수 있다. 이 구조가 장수하는 아웃소싱 프로세스의 뼈대다.

지속 가능한 프로세스를 만드는 과정에서 이를 방해하는 첫 번째 장애물은 프로세스를 조직 맞춤형으로 개조하는 것이다. 특정 부서의 내부 언어와 승인 습관, 개인의 취향을 절차에 반영하기 시작하면 그 절차는 그 사람과 특정 부서를 위한 업무로 종속되어 버린다. 사람이 바뀌면 다시 뜯어고쳐야 한다. 두 번째 장애물은 과잉 수집이다. 나중을 대비한다며 온갖 입력 필드를 만들어 수작업으로 데이터를 입력하게 하면, 데이터의 정확도는 급격히 떨어지고 현장은 이 절차를 무시하고 우회한다. 탄탄하게 업무 프로세스를 설계하면 구성원들의 선의가 아니라 시스템으로 프로세스가 유지된다. 요청·승인·작업·검수의 모든 단계에서 자동으로 남는 기록을 기본으로 해야 하고, 수동 입력은 예외 상황만 받아야 한다.

탄탄한 프로세스와 경직된 프로세스는 다르다. 장기적으로 지속 가능한 운영을 지향하되, 매월 작은 수정을 지속적으로 적용해 개선하는 체력이 필요하다. 이를 위해서는 바꾸기 쉬운 부분과 바꾸기 어려운 부분을 미리 구분하는 것이 중요하다. 역할과 책임의 경계·검수 기준·기록 보존 등 프로세스의 핵심 항목은 쉽게 바꾸지 않되, 서식 항목·작업 순서·접수 채널 등은 현장 요청에 따라 쉽고 빠르게 조정해야 한다. 프로세스를 개선할 때 높은 문턱을 두면 현장은 그 프로세스를 우회하기 시작하고, 이러한 우회가 누적되면 프로세스는 껍데기만 남는다. 현장의 작은 개선이 가능한 프로세스 설계가 진정한 탄탄함이다.

프로세스는 도구 독립적이어야 한다. 특정 티켓 시스템이나 도구 없이도 돌아갈 수 있도록 핵심 필드와 상태값만 표준으로 정의한다. 어떤 도구를 쓰든 요청 번호·상태·담당·기한·증빙의 최소 정보가 같아야 하고, 승인과 검수의 흔적이 동일한 형태로 남아야 한다. 도구는 나중에 바뀌어도 된다. 절차가 도구를 정의하고 선택해야 하며, 도구가 절차를 좌지우지하도록 두지 말아야 한다. 도구 교체가 쉬워야 시장의 발전을 제때 흡수할 수 있고, 교체가 쉬울수록 벤더와의 협상력은 높아진다.

예외는 프로세스의 적이 아니라 안전판이다. 우리는 예외가 없는 완벽한 프로세스를 설계할 수 없고, 예외가 발생하지 않는 조직은 존재하지 않는다. 다만 예외를 통로 없이 처리하면 프로세스 자체가 무너진다. 예외 신청→임시 판단→사후 회고→개선의 짧은 절차를 프로세스에 반드시 반영해야 한다. 임시 판단은 기록으로 남기고, 동일한 예외가 세 번 반복되면 프로세스와 정책 변경 여부를 검토해야 한다. 이렇게 하면 예외가 제도를 갉아먹는 구멍이 아니라, 제도를 업데이트하는 측정 센서가 된다. 장기 운영의 비결은 예외를 억누르는 데 있지 않고, 예외마저도 절차에 포함하여 그 절차를 통해 제도를 학습하고 개선하는 데 있다.

마지막으로 탄탄하고 지속 가능한 프로세스의 장애물은 단기 처방이다. 올해의 유행과 특정 리더의 선호를 절차에 반영하기 시작하면 내년의 현실과 충돌한다. 단기간의 실적을 위해 서둘러 만든 절차는 현장에서 왜곡을 부르고 데이터는 편향되며 숫자는 믿을 수 없게 된다. 프로세스를 바꾸는 이유가 단순히 지금 사람들이 이렇게 일하고 있기 때문이라면 한 번 더 생각해야 한다. 누가 하든, 어떤 도구로 하든 프로세스가 유지되어야 하는지를 고민해야 하며, 그 질문에 답할 수 있을 때만 개선해야 한다. 사람·조직·도구가 바뀌어도 동일한 방식으로 일하게 만드는 힘이 지속 가능한 프로세스의 본질이다. 그 힘이 있을 때 아웃소싱 운영은 수행사 교체와 기술 변화의 AX 파도 속에서도 흔들리지 않고 앞으로 나아갈 수 있다.

프로세스 혁신과 자동화의 순서
자동화는 맨 마지막에

아웃소싱 프로세스를 수정하고 개선하는 데 있어 가장 중요한 점은 프로세스 자동화를 추진하는 순서이다. 테슬라의 일론 머스크가 여러 자리에서 강조한 다섯 단계인 ① 핵심 요구 사항 확정, ② 불필요한 항목 제거, ③ 최적화, ④ 가속화, ⑤ 자동화는 아웃소싱 운영에도 그대로 통한다. 핵심 요구 사항을 분명히 하고, 불필요한 절차를 모두 덜어 내고, 남은 핵심 흐름을 다듬고, 업무에 속도를 붙인 뒤, 마지막으로 자동화하는 순서가 무너지면 개선은 오히려 퇴행으로 끝난다. 제거와 최적화 단계를 성급히 건너뛰면 낭비가 자동화되어 고착되고, 성과가 있어 보이지만 실제 품질은 악화되는 데이터의 왜곡이 발생한다.

프로세스 자동화의 첫 번째 단계는 핵심 요구를 확정하는 것이다. 무엇을 위해 일하는지, 성공을 무엇으로 판단할지를 명확하게 정리해야 한다. 누가 이 요구를 정의했는지, 왜 필요한지, 오늘 제거해도 고객이 모를 것인지 등을 집요하게 묻고 고민해야 한다. 요구 사항이 분명하지 않으면 현장은 서류와 회의로 시간을 채우게 되고, 모든 개선은 본질과 관계없는 피상적인 내용을 바꾸는 수준에 머문다.

두 번째 단계는 불필요한 프로세스와 항목을 줄이는 것이다. 아무것도 없는 상태, 즉 제로 베이스로 모든 절차의 존재 이유를 검증하고 없애면 무슨 일이 생기는지를 고민한다. 다단계 승인, 중복 보고, 불필요하고 의미 없는 첨부, 사람 손으로 옮기는 숫자 등의 항목은 우선 제거 대상이다. 규정 준수나 보안을 이유로 남겨야 한다면 최소한의 범위로 축소해야 한다. 이 단계의 진정한 목적은 효율화가 아니라 불필요한 업무의 소각이다. 비핵심과 비효율을 남긴 채 다음 단계로 넘어가면, 이후의 모든 투자와 도구는 불필요한 일에 자원의 낭비를 더 빠르게 반복하도록 만든다.

세 번째는 최적화 단계이다. 남겨진 업무 프로세스의 병목과 재작업, 인수인계에 따른 손실을 줄인다. 작업 단위를 작게 쪼개고, 표준 작업 정의로 편차를 줄이고, 역할의 중복을 제거한다. 되돌리기 쉬운 결정은 현장 권한으로 내리고, 되돌리기 어려운 결정만 상향한다.

네 번째는 가속 단계이다. 업무의 크기를 줄이고, 검토·승인 목표 시간을 설정하고, 병렬로 검토·처리할 수 있는 구간을 만들어 업무 사이클 시간 자체를 낮춘다. 되돌릴 수 있는 변경은 하루·주 단위의 짧은 사이클로 실행하고, 실패의 영향 반경을 제한하는 원상복구 조건을 명확히 한다. 가속의 목적은 일을 더 많이 시키는 것이 아니라 대기 시간을 최대한 제거하는 것이다. 기다림이 줄어들수록 자동화의 투자 대비 효과가 커진다.

다섯 번째 단계는 자동화와 AI 기술의 적용이다. AI 기술 기반의 자동화는 도구의 문제가 아니라 성숙한 흐름을 그대로 동결(Freezing)시키고 재현 가능한 기계로 만드는 행위다. 제거와 최적화, 가속을 거친 뒤에도 남는 반복과 판단 규칙을 자동화한다. 접수 분류·일정 예약·상태 통보·단순 조회·갱신·기준 점검 등의 영역이 자동화에 적합하다. 자동화의 목표는 사람을 밀어내는 것이 아니라 사람을 판단·설계·고객 접점으로 재배치하여 핵심에 집중하는 것이다. 이 순서를 지키면 자동화는 속도와 품질을 동시에 끌어올린다.

불필요한 프로세스를 제거하고 최적화하는 단계를 건너뛴 채 자동화부터 시도하면 세 가지 부작용이 따른다. 첫째, 낭비의 고착이다. 쓸모없는 승인과 보고가 로봇·Agent로 바뀌며 더 빠르게 낭비를 되풀이한다. 둘째, 데이터 왜곡이다. 자동화된 시스템은 수치 생성이 쉬워 보이지만, 상향된 임계치나 장식용 지표가 현장을 속이게 만든다. 표면적으로는 수치가 개선된 것처럼 보일 수 있으나 고객은 느리다고 느끼는 모순이 발생한다. 셋째, 경직성이다. 자동화는 일종의 동결이므로, 잘못된 규칙을 그대로 자동화하면 변경 비용이 기하급수적으로 커진다. 결국 더 느리고 더 비싸진다.

아웃소싱 환경에서는 위에서 설명한 프로세스 자동화의 다섯 단계를 계약과 거버넌스에 내장하도록 설계해야 한다. 초기에는 요구·제거·최적화 단계에 집중해야 하고, 가속과 자동화 단계는 최적화 성과가 목표한 수준을 넘을 때만 착수해야 한다. AI·자동화 투자에는 성과 배분의 규칙을 함께 운영해야 한다. 수행사·벤더에게는 AI·자동화 도구의 도입 자체가 아니라 성과를 기준으로 보상을 연동한다. 이렇게 설계해야 실질적인 효과 없이 빨리, 쉽게 자동화하려는 유혹을 이길 수 있다.

마지막으로 현장의 언어를 바꿔야 한다. 무엇을 더 자동화하는지가 아니라 무엇을 당장 없앨 수 있는지, 없앨 수 없다면 어떻게 덜 복잡하게 만들 수 있는지, 그리고 기다리는 시간을 줄이는 가장 좋은 방법은 무엇인지를 먼저 물어보아야 한다. 제거·최적화·가속의 고리가 최대한 적용되어 완성된 프로세스에 한해 AI 기반의 자동화를 진행해야 한다. 자동화는 개선의 수단이 아니라 개선한 프로세스에 대한 마지막 포장 단계이다. 이 순서를 지킬 수 있는 아웃소싱 조직만이 동일한 규모의 인력과 예산으로 더 빠르고 더 정확하게, 그리고 더 똑똑하게 일할 수 있다.

구성원들의 지식이 흐르는 아웃소싱
쌓는 법과 쓰는 법을 하나로 묶는 설계 방법

아웃소싱에서 가장 중요한 업무 중 하나는 아웃소싱 과정에서 만들어지는 지식을 어떻게 쌓고 어떻게 사용하게 만들지를 동시에 설계하는 일이다. 구성원 개인의 머릿속에 든 숙련된 지식은 귀중하지만, 조직의 성과를 좌우하는 힘은 개인의 개별 지식이 아니라 조직 내에서 지식이 순환하는 구조 그 자체에 있다. 조직의 지식은 문서를 모으는 창고가 아니라 의사결정을 돕는 길과 규칙을 포함하며, 축적의 방식과 활용의 방식이 구조화되어 한 몸처럼 엮여 있어야 한다. AX 시대의 AI 기술과 Agent는 이 구조를 현실로 만드는 촉매이며, 잘 관리된 지식만 있다면 누구에게나 빠르고 쉽게 전달되는 내부 안내원이 될 수 있는 혁신적인 도구이다.

조직 지식은 인터넷에서 찾을 수 있는 공개 정보의 모음이 아니라 맥락을 가진 행동과 경험의 기록이다. 회사만의 용어와 약속, 승인의 기준과 순서, 예외가 발생했을 때의 대체 경로, 현재 규정으로는 설명되지 않는 회색 지대의 판단 기준이 모두 조직 지식의 구성 요소이다. 동일한 사실이라도 어느 상황에서 어떤 선택이 더 낫다는 결론을 끌어내는 근거 체계가 조직 지식의 본질적인 가치이다. 그래서 좋은 지식 체계는 문장을 늘리는 체계가 아니라 다양한 맥락과 선택지를 함께 제시하는 구조여야 한다.

지식은 업무나 계약이 끝나고 그 결과를 모으는 방식이 아니라 업무를 수행하면서 남기는 방식이어야 한다. 계약 종료 시점에 한 번에 결과물을 내라는 관행은 실제로는 기억과 파일을 뒤지는 작업일 뿐이고, 중요한 맥락은 빠르게 증발한다. 요청 접수→영향 검토→결정→실행→점검→회고의 각 순간에 한 줄 요약과 결정의 이유가 자동으로 남도록 업무 흐름을 설계하는 편이 훨씬 강력한 방법이다. 회의는 녹취가 아니라 결론·근거·후속 행동·마감일이 기록되어야 지식이 된다. 장애나 이슈도 비난의 보고가 아니라 타임라인·근본 원인·임시 조치·영구 조치가 함께 남아야 다음 사람에게 의미를 건넬 수 있다. 지금 수행하고 있는 업무의 결과물이 곧 미래 구성원들의 지식이라는 관점이 현대적 지식 관리의 출발점이다.

조직에 쌓인 지식이 힘을 가지려면 한곳으로 모이고 일관된 방식으로 접근되어야 한다. 용어 사전과 업무 기준, 결정 기록과 사례 모음, 실패 노트와 복구 절차, 의사결정 표준을 단일 저장소에 모으고 현행화 관리와 책임자를 명시하는 체계가 필요하다. 서비스·역할·위험 등 현실의 분류 기준을 따라 태그를 붙이고, 문서의 최신화 시점과 신뢰 수준을 표기로 드러내야 한다. 동일한 주제를 여러 형태로 흩어 쓰면 검색은 늘 성공하고 답은 늘 틀리는 아이러니가 발생하므로 단일하게 원본과 출처를 관리하는 원칙을 지키는 것이 중요하다.

역할 또한 분명해야 한다. 해당 지식의 소유자(Owner)는 지식의 내용과 결과를 보증하는 책임자이고, 편집자는 구조와 표현을 다듬는 전문가이며, 큐레이터는 중복을 줄이고 빈틈을 메우는 안내자이다. 거창한 위원회보다 작고 빈번한 실무 회의가 효과적이라는 사실이 현장에서 반복적으로 확인되는 사실이다. 지식 관리 부서에서는 매주 갱신이 필요한 지식 목록을 검토하고, 오래된 지식 문서를 폐기하거나 통합하며, 새로 드러난 예외를 관리의 정책과 기준으로 승격시키는 일을 맡는 조직이다. 승인권과 집필권을 혼동하지 않고 책임자는 방향을 제시하고 편집자는 읽히는 형태로 바꾸는 분업이 지식의 생명력을 높이는 길이다.

구성원들의 헌신과 기여를 장려하는 장치가 없으면 지식 관리는 늘 뒷전으로 밀린다. 지식은 추가 잡무가 아니라 업무의 일부라는 신호를 성과 체계에 반영해야 한다. 팀 단위로 최신화율과 재사용률, 검색 성공률과 재문의 비율, 신규 입사자의 숙련 기간 단축 등의 지표를 하나로 관리하고, 목표를 달성한 팀에 실질적 보상을 제공하는 체계를 운영해야 한다. 기여가 칭찬에서 그치면 일회성 이벤트가 되고, 보상과 연결되면 일상의 습관이 된다. 지식은 숨은 노력의 합이므로 그 노력을 보이지 않게 보상하는 인센티브 제도의 설계 역시 중요하다.

지식의 소유·반출·제출 형식·주기가 계약에 반영되어야 아웃소싱에서 지식이 자산으로 남는다. 산출물은 코드나 보고서만이 아니라 결정 기록·운영 절차·복구 계획·교육 자료·용어 사전·사례 모음·데이터 추출 규칙 등의 지식 관리 체계를 포함해야 한다. 계약에는 이 지식 관리 체계의 제출 주기·제출 양식·소유권·반출권·보존 기간 등을 명시해야 한다. 수행사가 바뀌어도 지식이 끊기지 않는 것이 고객의 안전망이고, 이를 문서가 아니라 권리로 확보하는 조항이 장기적 운영 안정성의 핵심이다. 일회성 전달이 아니라 분기 단위의 지속적 제출과 품질 점검을 조건으로 두면 지식은 자연스럽게 축적된다.

지식의 질은 숫자로 관리해야 한다. 지식의 현행화 비율은 시간이 흐르며 죽어 가는 문서를 살피는 체온계이고, 검색 성공률은 사람들이 원하는 답을 찾는 속도를 보여 주는 속도계이고, 재문의 비율은 답의 품질을 비추는 거울이다. 신규 인력의 숙련 기간은 지식이 현장을 얼마나 돕는지를 가늠하는 실전 지표이고, 사고의 재발률은 실패 기록이 학습으로 전환되는지의 여부를 말해 주는 경보이다. 월 단위의 요약과 주 단위의 점검을 병행하면 지식의 상태는 감이 아니라 수치로 관리할 수 있게 된다.

아웃소싱에서 관리되는 지식은 보안과 윤리를 전제로 다뤄져야 한다. 개인 정보와 기밀 정보는 수집 단계에서부터 가려지고, 목적과 보존 기간이 명확해야 한다. 사용자가 남기는 피드백과 Q&A 기록도 필요한 범위만 남기고 불필요한 세부는 삭제되어야 한다. Agent가 답을 만들 때 민감 정보를 섞지 않는 안전장치를 두고, 외부 반출 시에는 계약에 근거한 허용 목록만 통과시키는 절차가 필요하다. 신뢰는 지식의 또 다른 이름이므로 보안을 잃는 순간 지식은 자산이 아니라 위험이 된다.

지식은 정원으로 아웃소싱 관리자는 정원사로 비유할 수 있다. 정원을 운영하기 위해서는 씨앗을 뿌리는 사람, 물을 주는 사람, 가지를 치는 사람, 수확을 기록하는 사람이 따로 존재하지만 목적은 하나의 수확이다. 아웃소싱의 지식 관리도 같다. 수행사가 교체되어도, 조직이 바뀌어도, 서비스가 확장되어도 흔들리지 않는 정원 구조를 설계하는 일이 핵심이다. 일의 흐름 속에서 자동으로 자라게 하고, 필요할 때 누구나 쉽게 따게 하고, 잘못 자란 가지는 제때 치게 만드는 체계가 곧 경쟁력이다.

아웃소싱의 성공은 사람을 더 배치하는 데서 나오지 않고, 더 똑똑하게 배우고 더 빨리 나누는 구조에서 만들어진다. 지식을 축적하는 방법과 활용하는 방법을 동일한 프로세스에 적용하고, 시스템으로 끊김 없이 흐르게 만들어야 한다. 그리고 다양한 지식 관리 도구와 함께 AI 기술과 Agent를 활용하여 조직에서 축적된 다양한 지식의 사용자 접근성을 높이면 아웃소싱은 구성원들의 교체와 수행사·벤더의 교체를 두려워하지 않는 체력을 얻는다. 지식은 보고서가 아니라 아웃소싱 운영의 신경망이라는 사실을 잊지 않는 태도가 AX 시대의 경쟁력이다.

평가에 대한 고민과 이해

투명한 공유와 재발 방지의 원칙
평가는 비난이 아니라 학습 과정이다

"Ever tried. Ever failed. No matter. Try again. Fail again. Fail better."
아웃소싱 관리자는 사무엘 베케트(Samuel Beckett)가 워스트워드 호
(Worstward Ho)에서 말했던 이 문구를 언제나 염두에 두어야 한다. 아
웃소싱 업무 수행 과정에서 구성원들은 언제나 실패나 실수를 할 수 있
다. 중요한 점은 평가를 통해 그 문제의 원인을 제거하는 것과 더불어,
평가 과정에서 조직의 역량을 점진적으로 개선하여 동일한 실수를 반
복하지 않도록 미래 지향적인 평가 체계를 설계해야 한다는 것이다.
시스템 장애 등의 사고가 발생했을 때 가장 먼저 명확하게 대응해야 할
점은 평가의 과정과 방향이다. 보고를 받고 절차와 위계를 따라 책임
을 추궁하는 방식이 아니라 당시 상황을 수행사와 동일하게 이해하고,
사실과 가정을 분리해 정보를 투명하게 공유하며, 다시는 반복되지 않
도록 개선 대책을 정하는 미래 지향적 절차가 핵심이다. 사고의 대부
분은 한 부서만의 잘못으로 설명되지 않는다. 복잡한 원인이 겹쳐 일
어난 결과인 경우가 많고, 이러한 사건을 처벌 위주로 다루면 정보는

숨겨지고 학습의 기회는 사라진다. 반대로 고의적 위반, 기준의 반복적 무시, 정보의 은폐 등 명백한 위법 등에 대해서는 예외로 두고 강한 페널티를 적용해야 한다. 이러한 평가 운영 정책과 기준이 분명할수록 현장은 안전하고 투명하게 사실을 말하고, 조직은 이 과정을 통해 문제점을 개선하고 새로운 경험과 지식을 습득할 수 있다.

평가 체계의 기본적인 뼈대는 간단하다. 사실 관계→영향도 분석→근본 원인→대책 마련→예방 활동의 다섯 가지 항목으로 정리하는 것이다. 첫째, 사실 관계는 기본적으로 시간 순서대로 서술한다. 누가 무엇을 추측했는지가 아니라 언제 어떤 신호가 있었고, 어떤 조치가 어떻게 실행되었는지 시간 순서대로 확인해야 한다. 둘째, 영향도는 사용자 피해 범위·지속 시간·손실 유형을 비즈니스 관점에서 객관적으로 작성한다. 셋째, 근본 원인은 개인의 실수가 아니라 구조적인 문제점들을 중심으로 살펴본다. 절차의 빈틈, 역할의 중복·누락, 알림 과다, 인력과 도구의 한계 등 다양한 관점에서의 위험 요인을 우선 확인한다. 넷째, 대책은 당장 막을 수 있는 조치를 의미한다. 설정 변경·임시 우회·안내 보강처럼 즉시 현장에 효과가 있어야 한다. 다섯째, 예방은 앞으로 유사한 사고가 발생하지 않도록 구조 자체를 점검하고 개선하는 조치이다. 절차 개정, 권한·승인 기준 조정, 교육·훈련·점검 항목 추가, 책임 재배치처럼 다음에는 동일한 사고가 발생하지 않도록 만드는 활동이다. 각 항목에는 책임자와 기한을 함께 적고, 미이행 시 이에 대한 이슈 회의를 소집하여 빠르게 의사결정할 수 있는 방식으로 운영한다.

평가의 과정은 투명하게 문서화하여 모두에게 공유해야 한다. 사고 당일에는 한 장짜리 요약본으로 빠르게 현재 상황에 대한 공통의 이해를 맞춰야 하며, 48~72시간 안에 사후 검토·분석 보고서로 확장해 나가야 한다. 이 보고서는 고객사와 수행사가 동일한 양식으로 작성하여 서로의 관점을 나란히 검토한다. 회의는 감정적인 언어를 지양해야 하고 사실 관계를 중심으로 논의해야 한다. 이를 위해 서면으로 작성된 근거로만 논의하는 것이 적절하다. 왜 몰랐는지를 추궁하는 방식이 아니라 왜 알 수 없었는지 그 구성원의 환경을 살펴봐야 한다. 회고는 잘못을 지적하는 것이 아니라 사고가 발생하지 않도록 예방할 수 있는 방법을 설계하는 자리여야 한다.

조직 간 협력 모델도 표준화해야 한다. 사고 대응에는 사건 책임자와 기록·대외 소통·원인 분석·대책·예방 활동 등의 담당자 지정이 필요하다. 한 부서에서 모든 역할을 겸하지 않게 권한을 나누고, 수행사는 동등한 파트너로 참여시킨다. 정보를 빠르게 수집하여 사실 관계를 확인하고, 예상되는 위험을 과감히 공개해야 한다. 대응 과정에서 적절한 임시 조치를 주저 없이 택한 사람은 보호하고 인정한다. 반대로 기준 위반·보고 지연·은폐 등 기본적인 원칙을 준수하지 않은 구성원은 단호히 제재해야 한다.

평가 지표는 비난의 도구가 아니라 학습의 나침반이어야 한다. 탐지까지 걸린 시간, 이해관계자 통지까지 걸린 시간, 복구까지 걸린 시간, 재발까지의 간격, 개선 과제 이행률 등의 기본적인 품질 수치를 월 단위로 측정 관리하여 추적한다. 동일한 유형의 사고가 반복되면 근본 원인을 해결할 수 있는 과제를 실행할 수 있도록 예산과 시간을 배정하고 관리해야 한다. 작은 경고가 큰 사고로 커지기 전에 아슬아슬했던 순간을 모두 수집해서 위험 신호의 패턴을 잡아내고 이를 공유한다. 이러한 평가 지표는 모두에게 공개하되 순위표는 만들지 않아야 한다. 순위는 경쟁을 만들고, 경쟁은 숨김을 만든다.

사고를 유형화하는 방법도 사후 관리 측면에서 유용하다. 예측 가능한 절차 실패·투자 미흡·외부 요인·복잡한 상호작용 등으로 나눠 사후 대응을 달리한다. 절차 실패는 체크리스트·교육으로, 복잡한 상호작용은 역할·경계 재설계로, 외부 요인은 영향 최소화 계획을 중심으로 다룬다. 모든 유형에 공통인 것은 의사소통이다. 고객과 내부 리더에게는 사실 관계·다음 행동·일정·책임 등을 명확히 알린다. 과장이나 축소는 신뢰를 깎는다. 모르는 것은 모른다고 말하고 알게 되는 대로 갱신한다.

마지막으로 계약 관점에서 수행사에는 사고가 발생하면 공동 보고서 제출과 재발 방지 대책에 대한 이행 의무가 있음을 명시해야 하고, 페널티는 피해 영향도 기준으로 자동 산출되게 해야 한다. 다만 수행사의 성실한 보고·협력·개선 활동이 확인되면 일부 감면할 수 있는 조항을 둔다. 반대로 수행사에서 기준의 고의적 위반·반복·은폐가 확인되면 강화된 조항을 적용한다. 하지만 페널티와 벌점으로는 문화를 만들 수 없다는 사실을 잊지 말아야 한다. 문화를 만드는 것은 원칙의 명확성과 실행의 일관성, 그리고 구성원들을 안전하게 보호할 수 있도록 체계적으로 설계된 아웃소싱 시스템으로부터 만들어진다.

아웃소싱에서 평가 체계는 누가 무엇을 잘못했는지 확인하는 절차가 아니라, 수행 조직이 어떻게 하면 동일한 실수를 반복하지 않을지를 검토하고 개선하는 제도여야 한다. 사실 관계를 문서화하여 투명하게 서로 공유하고, 영향도와 근본 원인을 구조적으로 검토하며, 수행부서와 함께 개선 대책과 예방 활동을 마련해야 한다. 수행사는 동등한 파트너로 참여하여 공동 대응하되, 고의·반복·은폐에 대해서는 최대한 강하게 제재한다. 이 질서를 지킬 때 조직은 사고를 줄이는 조직이 될 뿐만 아니라, 그 사고를 통해 빨리 배우는 조직으로 진화한다.

데이터로 운영을 측정·평가하는 법
보이지 않게, 그러나 분명하게

아웃소싱을 건강하게 운영하기 위해서는 구성원들이 수작업으로 적어 놓는 숫자들에 의존하지 않는 것에서 출발해야 한다. 사람들은 바쁘기 때문에 기억은 흐릿해지며, 이해관계가 얽히면 그 숫자의 정확도와 신뢰도가 빠르게 떨어진다. 이번만 대충 기록하고 나중에 정리하는 습관이 쌓이면 그 데이터는 곧 신뢰를 잃고, 그 위에서 만들어지는 비용 정산과 평가 결과는 고객사와 수행사 간의 다양한 오해와 갈등을 낳는다. 업무가 처리되는 과정에서 시스템이 매일 스스로 남기는 흔적들을 잘 관리해야 한다. 사용자의 문의와 요청이 들어오면 변경이 이루어지고 관제 경보가 울리고 사용자와 운영자가 반응하는 순간마다 자동으로 시스템에 생성되는 기록을 모아서 활용해야만, 아웃소싱 현장을 방해하지 않고도 정확한 운영 상황의 측정과 이해가 가능해진다. 핵심은 업무의 처리 과정에서 측정해야 하는 성과 데이터가 자연스럽게 수집되도록 업무를 설계하는 것이다.

시스템 데이터를 활용하는 아웃소싱 운영의 실행 방식은 세 가지로 정리할 수 있다. 첫째, 모든 업무의 흐름에 공통된 식별자를 적용하여 하나의 사건이 처음부터 끝까지 동일한 하나의 꼬리표를 달고 업무 프로세스가 진행되도록 만든다. VOC 접수·내부 처리·외부 연동·사용자 응답까지 하나의 식별자 번호를 따라가면, 누가 무엇을 언제 어떻게 처리했는지 연결된 타임라인이 자동으로 그려진다. 이때 기록은 자유 형식이 아니라 구조화된 형식으로 남겨야 나중에 따로 다시 정리하지 않고 즉시 통합할 수 있다. 둘째, 측정 데이터의 표준화가 필요하다. 기록과 지표 추적을 하나의 관리 체계로 통합하고, 모든 팀과 수행사가 동일한 항목과 단위를 쓰도록 약속해야 한다. 어떤 조직의 누가 사용하든 관계없이 동일한 눈으로 볼 수 있어야 비교가 가능하다. 선택적으로 입력하는 데이터는 성과와 품질을 분석하는 과정에서 아무 의미가 없다. 비교·분석에 필요한 운영 데이터는 필수로 기록되도록 적용하고 이를 반드시 표준화해야 한다. 셋째, 시스템 기반의 자동화된 데이터 수집을 원칙으로 삼는다. 사람이 직접 수기로 입력하는 데이터가 아니라, 업무가 지나가는 길목에서 자연스럽게 수집되는 데이터를 활용한다. 배포는 자동화 도구가, 상담은 콜센터 시스템이 스스로 남긴 기록을 1차 자료로 쓴다.

업무의 결과뿐만 아니라 과정에서 발생하는 데이터를 함께 수집하여 지표를 측정하고 살펴본다. 운영과 개발 영역에서는 변경 빈도·변경 시간·실패 비율·복구 시간·가동률·지연율·오류율 등이 기본 축이 된다. 고객 접점에서는 첫 시도에 해결했는지, 품질 점수는 어떤지,

재접촉이 얼마나 일어나는지, 만족도가 어떻게 움직이는지를 살펴본다. 관제에서는 중복을 제거한 유효 경보와 변경 실패율 등을 중점적으로 파악해야 한다.

아웃소싱 구성원들이 데이터 측정을 의식하는 순간 행동이 변화된다는 심리적인 상황도 고려해야 한다. 알림 건수를 줄이는 것이 목표가 되면 경보 임계치를 억지로 올리는 상황이 발생한다. 반면 유효한 경보와 복구 시간을 자동 집계하면 임계치에 대한 왜곡이 통하지 않는다. 상담 업무에서 단순히 평균 업무 처리 시간만 관리하면, 상담사가 어려운 문의를 회피하려는 부작용이 생긴다. 이러한 문제는 첫 시도 해결·만족도·표본 품질 점수를 자동으로 분석하여 함께 공개하면 회피가 줄고 상담 만족도가 본질적으로 개선된다. 결국 아웃소싱 평가 설계는 곧 구성원들의 행동 설계이므로, 티가 나지 않게 그러나 일관되게 쌓이는 지표를 선택하고 관리해야 한다.

현실적으로 사람의 수작업 입력이 완전히 없는 환경을 구축하는 것은 어렵다. 이를 보완하기 위해서는 수기 입력을 요구하는 정보를 최소화하고 입력 품질을 높이는 장치를 마련한다. 주관식 입력이 아닌 선택형 입력 위주로 설계하고 자유롭게 작성 가능한 항목은 예외 상황에만 허용한다. 수기 입력하는 데이터는 보상과 직접 연결하지 말고, 표본 감사를 통해 교차 검증하는 체계를 마련해야 한다. 가장 중요한 점은 데이터를 정확하게 넣은 구성원들이 손해 보지 않게 만드는 것이다. 그리고 그렇게 수집된 데이터는 그대로 사용하는 것이 아니라 통계 기법을 활용해서 분석해야 한다. 먼저 목표 수준과 추세를 만든다. 최소 4~8주의 이동 평균과 분산 등을 통해 불필요한 잡음을 덜어 내고 통계적으로 이상치를 찾는다. 그 이후에 그 결과를 SLA 지표와 정산, 인센티브와 페널티 감액 등에 연결한다. 최근 1주일간의 업무 수행 실적이 나쁘거나 하나의 사건으로 인해 실적이 나빠지는 경우 즉시 벌점이 붙으면 현장은 평가에 방어적으로 바뀐다. 오차를 고려하여 연속 위반이나 악화 추세가 확인될 때만 계약에 반영한다. 측정이 꾸준할 때 비로소 평가가 가능하게 되는 이유가 여기에 있다.

계약과 정산은 데이터와 성과 분석 보고 등 운영 산출물을 연결하여 종합적으로 검토한다. 매월 자동 생성되는 산출물들과 함께 서비스별 핵심 지표 실적, 배포·테스트·보안 점검 보고서, 사고의 타임라인과 사후 분석 결과, 서비스의 사용량 등을 담는다. 이 과정에서 제출되는 산출물들을 유일한 비용 정산 근거로 삼고, 누락이 있는 부분에 대해서도 미리 상호 합의한 기준으로 보완한다. 사람이 만든 엑셀이 아니라 시스템이 만든 데이터로 대화하면, 분쟁이 줄고 현장은 본업에 집중할 수 있다.

평가에 필요한 가장 좋은 데이터는 사람이 의도적으로 입력하지 않아도 업무 과정에서 자연스럽게 만들어지는 데이터다. 시스템에 기록되는 흔적을 표준화해 모으고 사람의 수작업은 최소화한다. 표준화된 데이터는 충분한 기간의 추세로 해석하고, 그 결과를 계약과 정산에 투명하게 연결해야 한다. 그러면 평가를 위한 데이터 측정은 운영의 방해물이 아니라 운영의 문제점을 빠르게 인식할 수 있는 신경망이 되고, 꾸준한 측정은 공정한 평가의 근거가 된다. 즉 측정하는 행위 그 자체가 수행 품질에 대한 분석과 평가가 되도록 관리해야 하는 것이다. 아웃소싱을 잘 운영하는 관리자의 실력은 얼마나 보이지 않게, 그러나 분명하게 측정할 수 있도록 평가 체계를 설계했는지 여부에서 드러난다.

불확실성을 전제로 한 평가 설계
하나의 목표에만 집착하지 말자

평가 체계를 설계할 때 가장 먼저 인정해야 할 사실은 AX 시대의 불확실성이다. 특정 솔루션 제품의 기술 지원 종료나 검토 과정에서의 일부 승인 절차 누락 등의 단일 요인이 사고의 직접 원인인 경우는 드물다. 실제 사고는 사소한 우회·이벤트 중복·인력 교체·일정 압박·환경 변화·잘못된 설계·미흡한 검토 과정 등의 다양한 요인이 겹치고 누적되며 임계점을 넘을 때 발생하는 복합 원인의 사건인 경우가 많다. 따라서 올바르게 평가하려면 가장 눈 앞에 보이는 한 가지 원인만 특정해 그 원인으로 사고의 모든 책임을 전가하는 방식이 아니라, 누적되고 중첩된 여러 요인의 상호작용을 함께 들여다보고 무엇을 바꿔서 미래의 위험을 줄일지까지 도출하는 행동 설계여야 한다. 상황을 면피하기 위해 보고서를 쓰는 일이 아니라, 동일한 사건이 발생하지 않도록 현장의 업무 프로세스와 수행체계를 바꾸는 설계도를 만드는 일이 평가 과정의 본질이다.

평가 지표를 설계할 때 구성원들이 단일 목표에 과도하게 매달리지 않도록 의도적으로 다양한 지표를 함께 측정·관리해야 한다. 출시 속도를 올리는 지표와 함께 안정성 지표를 나란히 두고, 어느 하나가 개선될 때 다른 하나가 악화되면 자동으로 경고가 발생하도록 해야 한다. 고객 접점에서는 처리 시간만 보지 않고 1차 해결률·재접촉률·만족도 등의 다양한 지표를 동시에 관리해야 한다. 운영에서는 복구 시간과 변경 실패율을 함께 관리해 한쪽을 개선하다가 다른 한쪽을 해치는 순간을 포착해야 한다. 사고 건수·불만 건수 등 후행 지표는 수행 결과를 가늠하는 데 활용하고, 문서 최신화 지연·경보 누적·야간 호출 증가·패치 지연 등의 선행 지표는 예방 조치가 자동으로 실행될 수 있도록 업무 규칙에 연결한다. 평가 실적은 수치의 절대값만이 아니라 개선율과 변동성도 함께 본다. 개선율은 혁신의 정도를, 변동성은 리스크의 크기를 의미하므로 두 가지 관점의 지표를 함께 관리해야 한다. 이 부분에서 강조하고 싶은 점은 서비스의 다른 여러 가치들을 저하시키거나 포기해서 특정 지표의 수준을 높이는 것은 개선 활동이 아니라는 점이다. 무언가를 개선한다는 것은 현재의 수준을 그대로 유지하면서 특정 항목의 수준과 가치를 향상시키는 것을 의미한다.

불확실성은 감이 아니라 확률로 다뤄야 한다. 발생 가능성과 예상 피해 규모를 기준으로 위험에 대한 관리 체계를 만들고 각 위험마다 예방·탐지·복구의 3단계 조치 계획을 수립한다. 가능성은 낮지만 피해가 큰 위험에는 대체할 수 있는 우회 방안과 복구 훈련을 상시 준비하고, 가능성은 높지만 피해가 작은 위험에는 관제 자동 알림과 복구 자동화 절차를 마련한다. 계절성·이벤트 등으로 인한 변경 집중 구간처럼 맥락이 바뀌면 목표치도 시나리오별로 변하도록 관리해야 한다. 동일한 수치라도 성수기와 비성수기의 의미가 달라지기 때문이다.

마지막으로, 좋은 평가 체계를 만들기 위해서는 조직의 평가 언어를 바꿔야 한다. 불확실성이 높은 AX 시대에는 누가 얼마나 잘못했는지가 아니라 다음에는 무엇을 바꿀 것인지, 얼마나 안정적으로 배웠는지에 대해서 논의할 수 있도록 화제를 변경해야 한다. 평가 지표는 아웃소싱 수행체계의 현 상황에 대한 판단을 돕는 등대이지, 성적표가 아니다. 일 단위 실적 점검으로 현재의 운영 상황을 이해하고 이슈가 없는지 살피며, 월 단위로 측정 결과를 해석하여 가설을 세우고 평가 규칙과 기준을 미세 조정한다. 상충된 여러 평가 지표를 함께 관리하여 균형을 지키고, 개선율과 변동성 지표를 기반으로 아웃소싱 성숙도를 확인해야 한다. 계약은 최소 기준과 도전 목표를 분리해 설계하고, 사람은 평가 절차를 통해 보호한다. 이렇게 설계된 평가 체계는 과거를 꾸짖는 절차가 아니라 미래의 사고를 줄이는 제도가 된다.

불확실성은 사라지지 않는다. 다만 이러한 평가 체계의 설계는 AX 시대의 불확실성 및 그 영향도를 줄이고, 조직의 학습 속도를 높이며, 조직 구성원들이 동일한 방향으로 걷게 만드는 힘을 갖게 만든다. AX 시대의 평가 체계는 결국 변화의 핸들을 쥐는 일이다. 측정되는 숫자들을 통해 현재를 정확하게 판단하고, 평가 과정을 통해 미래의 행동을 교정하며, 조금씩 더 안전하고 빨라지는 길을 만들어야 한다.

개선율과 변동성으로 읽는 지표 운영
숫자는 많되, 사람 손은 적게

아웃소싱을 잘 운영하려면 측정하는 평가 지표는 많을수록 좋다. 관리하는 숫자가 늘어날수록 시야가 넓어지고, 숨은 문제를 더 일찍 발견할 수 있기 때문이다. 다만 전제가 있다. 측정은 사람이 아니라 시스템에서 자동으로 이루어져야 한다. 사람이 입력하는 순간 누락과 왜곡이 생기고, 시간이 갈수록 피로가 쌓여 업무의 속도와 품질이 떨어진다. 요청·처리·승인·배포·알림 등의 업무 흐름에서 남는 자연스러운 시스템 기록들을 모아 지표로 바꿔야 한다. 그래야 현장을 방해하지 않고 비용을 들이지 않으면서 오래 지속되는 측정 체계를 유지할 수 있다.

지표가 많아지면 다음으로 중요한 것은 지표 간의 관계를 이해하는 일이다. 하나의 지표만 관리하면 오판하기 쉽다. 예를 들어 처리량이 늘면 보통 오류율이 함께 오르기 쉽고, 응답 속도가 빨라졌는데 만족도가 떨어지는 경우도 있다. 고객센터에서는 자가 해결률이 오르면 재접촉률이 따라 올라가는지 내려가는지를 함께 보아야 한다. 운영에서는 복구 시간이 짧아졌을 때 동시에 재발하는 간격이 길어졌는지를 함께 확인해야 한다. 개발에서는 배포 빈도가 늘어날수록 실패율이 어떻게 변하는지 함께 봐야 한다. 이처럼 상관관계가 있는 지표들을 미리 정해 두고 주기적으로 점검해야 한다. 그래야 한 지표를 맞추려다 다른 지표를 망가뜨리는 실수를 피할 수 있다. 측정 그 자체가 조직의 목표가 되는 순간 측정은 의미를 잃는다는 역설을 막는 방법을 지속적으로 고민해야 한다.

평가는 자주 한다고 좋은 것은 아니다. 공식적인 평가 주기는 일반적으로 월 단위의 업무 사이클과 맞추는 편이 합리적이다. 한 달 주기의 샘플링은 계획→실행→점검→보완의 한 사이클을 돌리기에 충분하고, 일시적인 요인이나 우연의 잡음이 어느 정도 상쇄되는 기간이기 때문이다. 주간이나 일간 평가로 보상을 검토하면 수행팀은 단기적인 처방에 매달리고, 변동성이 커져 그 지표의 의미와 시사점이 흐려진다. 반대로 측정 자체는 매일 해야 한다. 시험 성적표를 받은 뒤에 공부법을 바꾸는 것이 아니라, 매일 건강검진을 하듯 상태판을 보고 예방 조치를 취해야 한다. 즉 매일 측정하고 월 단위로 평가를 진행하는 것이 아웃소싱 업무의 기본 리듬이다.

숫자를 활용할 때 가장 중요한 두 축은 개선율과 변동성이다. 개선율은 우리가 앞으로 가는 속도이고, 변동성은 우리가 넘어질 확률이다. 예를 들어 배포 리드타임이 한 달 새 15% 줄었다면 명확한 진전이지만, 동일한 기간 실패율의 변동 폭이 커졌다면 위험이 누적되고 있다는 신호다. 고객센터의 평균 처리 시간이 줄었어도 하루하루 처리 시간의 변동 폭이 크다면 현장은 과부하를 겪고 있을 가능성이 높다. 비용도 마찬가지다. 건당 비용이 내려갔는데 품질 지표의 변동성이 커지면 다음 분기에 더 큰 비용으로 되돌아올 수 있다. 그래서 대시보드는 단순 평균뿐 아니라 전월 대비 변화율, 표준편차(혹은 사분위 범위), 최댓값·최솟값을 함께 보여야 한다. 평가 데이터는 절대적인 수준(Level)과 과거로부터의 추세(Trend), 그리고 변동성을 의미하는 분산 혹은 표준편차를 함께 읽어야 진정한 의미가 드러난다.

평가에 활용하는 지표들은 크게 세 가지 유형으로 분류할 수 있다. 첫째, 결과형 지표가 있다. 가동 시간·만족도·불만 건수·전환율·수익 기여 등의 값이 여기에 속한다. 둘째, 과정형 지표가 있다. 처리 시간·대기열 길이·배포 빈도·교육 이수율·문서 최신화율처럼 결과를 만들어내는 활동의 품질을 나타낸다. 셋째, 위험 지표가 있다. 경고 건수 중 유효 비율·복구 시간·재발 간격·심각 이슈 비중·보안 위반 건수처럼 사고 가능성과 피해 규모를 비춘다. 이 세 가지 유형의 지표들을 함께 보고 결과·과정·위험 간의 연결을 설명할 수 있어야 한다. 예를 들면 "이번 달 전환율이 오른 이유는 테스트와 배포 빈도가 늘었고, 그에 따른 실패율은 원상복구 기준 강화로 안정화되었기 때문이다." 등의 아웃소싱 평가 의견이 측정된 결과 속에서 자연스럽게 나와야 한다.

AX 시대에는 AI 기술을 활용해 이러한 대규모 운영 데이터에 대한 통계 분석뿐만 아니라 새로운 인사이트를 효율적으로 발굴할 수 있다. 따라서 아웃소싱 운영 과정에서 만들어지는 대규모 현황 데이터를 수집하는 것이 그 무엇보다 중요하다. 운영 품질의 측정과 평가에 대한 자동화는 선택이 아니라 필수 조건이다. 사람이 입력하는 수치에 의존하지 말고 업무 흐름의 길목에서 자동으로 업무 기록들을 수집해야 한다. 요청이 접수되면 자동으로 시간과 유형이 지정되고, 배포가 이루어지면 자동으로 현재 상태와 영향도를 남기고, 경보가 울리면 자동으로 탐지부터 복구까지의 흐름이 이어져야 한다. 고객 문의는 자동 요약·분류가되어야 하고, 민감 정보는 자동으로 가려져야 한다. 그래야 숫자가 쌓일수록 신뢰가 더해지고, 운영 부서에서 데이터 입력이 아닌 해석과 개선에 시간을 쓸 수 있다. 자동 수집이 어려운 영역은 제한된 옵션 선택으로운영자의 입력 부담을 최소화하고 표본 감사를 통해 신뢰를 보완한다.

마지막으로 모든 평가 지표에는 책임자와 관리 기한이 지정되어 있어야 한다. 각 지표의 정의서·계산식·데이터 출처·소유자·갱신 주기·목표 수준 등을 명확화하고 주기적으로 재검토한다. 새 지표를 추가하는 것은 자유롭게 하되, 2~3분기 연속으로 활용도가 낮거나 측정결과에 의미가 없으면 과감히 정리해야 한다. 대시보드는 벽보가 아니라 운영 도구여야 하고, 지표의 결과 수치는 보고서가 아니라 다음 개선 행동의 근거로 활용되는 신호여야 한다.

요약하면, 지표는 많이 발굴하고 자동으로 측정해야 한다. 그리고 결과의 해석은 측정값 자체뿐 아니라 추세·개선율·변동성을 함께 읽어야 한다. 그렇게 운영될 때 측정 결과는 학습의 엔진이 되고, 우리는 오늘의 상태를 정확히 이해하며 내일의 행동을 더 현명하게 선택할 수 있다.

아웃소싱 평가의 두 축
최소 목표와 최고 목표를 함께 설계하라

아웃소싱의 평가 체계를 설계할 때 가장 흔한 실수는 목표를 하한선 중심으로만 설정하는 것이다. SLA는 본래 일정 수준의 품질과 안정성을 보장하기 위한 제도이지만, 실제 운영 현장에서는 종종 문제만 없으면 된다는 식으로 축소된다. 목표가 최소 기준에만 머무르면 조직은 자연스럽게 그 선 아래로 떨어지지 않으려는 보수적 운영에 갇히고, 도전이나 혁신의 여지는 사라진다. SLA는 유지의 장치이지, 발전의 장치는 아니다. 따라서 평가 체계는 SLA라는 최소 목표의 울타리 위에 최고 목표의 나침반을 함께 세워야 한다. 두 축이 균형을 이룰 때만 조직은 안정과 혁신을 동시에 이룰 수 있다.

평가의 기본 목적은 통제만이 아니라 동기부여에 있다. 단순히 하자를 잡거나 성과 점수를 낮추기 위한 제도가 아니라, 더 높은 수준의 서비스를 향해 팀이 스스로 도전하도록 만드는 구조가 되어야 한다. 이를 위해서는 최소 목표와 최고 목표를 함께 제시해야 한다. 최소 목표는 고객이 기대하는 기본 품질을 유지하는 수준, 즉 계약상 지켜야 할 의무의 범위이다. 반면 최고 목표는 이상적이고 장기적인 지향점이다. 예를 들어 무장애 운영, 고객 불만 0건, 사용자 만족도 100점 등의 목표는 현실적으로 완벽하게 달성되기 어렵지만 목표를 선언하는 것 자체가 중요한 역할을 한다. 최고 목표는 평가 점수가 아니라 조직의 방향성과 태도를 결정하는 나침반이다. 그러나 최고 목표를 잘못 설계하면 부작용이 생긴다. 지나치게 높은 목표를 강제하거나 이를 수치로 직접 평가하고 페널티를 부과하면, 현장은 목표를 달성 가능한 수치로 낮추거나 데이터를 왜곡해 결과를 만들어 내려고 행동한다. 이는 평가가 혁신의 촉진제가 아니라 형식적인 행정 절차로 변질되는 가장 큰 이유이다. 예를 들어 서비스 무장애 100일을 목표로 잡았을 때, 진정한 의미는 서비스 장애를 줄이기 위한 체계적 개선을 추진하라는 뜻이어야 한다. 하지만 이를 단순히 수치 달성의 경쟁으로 전환하면 장애 보고 자체를 줄이거나 기준을 완화하는 식으로 대응하는 사례가 생긴다. 목표는 도전적이어야 하지만 평가의 방식은 유연해야 한다.

평가 체계가 진정한 학습 도구가 되려면 결과 중심의 최소 목표와 과정 중심의 최고 목표를 분리해 다뤄야 한다. SLA 수준의 최소 목표는 명확한 수치와 증거로 관리한다. 가동률·응답시간·처리속도·오류율 등의 지표는 계약의 안정성과 신뢰를 유지하기 위한 결과 지표다. 이 수준에서 평가와 보상, 감점이 이루어져야 한다. 반면 최고 목표는 수치의 완전한 달성이 아니라 그 목표를 향해 어떤 시도와 개선 활동이 이루어졌는지를 중심으로 평가해야 한다. 즉, 무장애 달성 여부가 아니라 무장애를 위해 어떤 예방 조치를 설계하고 어떤 데이터를 점검했는지를 살펴본다. 혁신은 숫자보다 행동의 질에서 나타난다.

이를 실행하기 위해서는 활동 중심 평가 체계(Activity-based Evaluation)를 병행해야 한다. 수행사나 내부 조직이 중장기 최고 목표를 향해 어떤 실험을 했는지, 개선안을 몇 건 발굴했는지, AI 기술을 활용해 프로세스를 어떻게 개선하고 자동화했는지를 정성적으로 평가하는 것이다. 예를 들어 서비스 품질 개선 활동, 사용자 피드백 반영 계획, 시스템 개선 프로젝트, 보안 강화 조치 등이 이에 포함된다. 이 활동들은 성과 지표를 완전히 끌어올리지 못했더라도 장기적으로 품질과 비용 효율을 높이는 기반이 된다. SLA가 결과의 최소선을 관리한다면, 활동 평가는 성과의 성장선을 관리하는 장치다.

평가 체계의 또 하나의 핵심은 보상의 구조다. 최소 목표 달성은 계약상 의무이므로 기본 대가와 직결되고, 최고 목표를 향한 노력은 인센티브 형태로 보상해야 한다. 이를 통해 구성원은 잘못하면 감점된다는 두려움 대신 더 나아가면 인정받는다는 기대를 갖게 된다. 특히 수행사 입장에서는 최고 목표 달성 여부보다 그 목표를 향해 도전한 시도 자체가 평가되면, 단기적 리스크를 감수하며 새로운 시도를 할 여지가 생긴다. 이 구조가 혁신의 토양을 만든다.

평가 체계를 단편적인 점검표로 만들면 조직은 결과에 갇힌다. 반대로 최소 목표와 최고 목표를 병행 관리하는 이중 구조로 설계하면, 조직은 안정적인 운영과 끊임없는 개선이라는 두 개의 엔진을 갖게 된다. 관리자는 SLA 지표를 통해 리스크를 통제하고, 동시에 혁신 활동을 장려하며 조직의 에너지를 미래 방향으로 돌릴 수 있다. 특히 AX 시대처럼 기술이 빠르게 변하고 업무의 불확실성이 높아진 환경에서는 이러한 이중 구조가 지속 가능한 동력으로 작용한다.

결국 평가 체계는 통제의 도구가 아니라 학습의 시스템이어야 한다. 최소 목표는 현재를 안정시키고, 최고 목표는 미래를 열어 가는 역할을 한다. 숫자는 기준을 잡되 방향은 사람의 의지와 실험이 만든다. 좋은 평가 제도는 실수를 벌하지 않고 시도를 격려한다. 결과를 관리하면서 동시에 가능성을 키우는 구조, 그것이 AX 시대의 아웃소싱 평가 체계가 지향해야 할 모습이다.

SLA를 넘어 XLA로 확대
사용자가 체감하는 품질을 운영의 중심으로

AX 시대가 본격화되면서 아웃소싱 평가 방식의 무게 중심이 IT 시스템에서 고객 경험으로 옮겨 가고 있다. 그동안의 SLA 평가는 가용성·적기 처리·약속한 처리량 등의 IT 품질 관리 항목에 머물렀다. 이들은 최소 기준을 지킨다는 점에서는 유용했지만 고객과 사용자가 실제로 편리해졌는지, 다시 쓰고 싶은 마음이 생겼는지 등의 본질적 질문에는 답하지 못했다. 이제 평가는 SLA에서 XLA(Experience Level Agreement)로 확장되고 있다. XLA는 사용자가 실제 체감한 경험을 최우선에 놓고 경험의 변화를 꾸준히 측정·관찰해서 개선을 이끄는 아웃소싱 운영체계이다. 서버가 멈추지 않았다는 점이 아니라 더 나아가 고객의 업무 처리가 신속하고 명료하게 끝났는지를 점수로 기록하고, 그 점수를 아웃소싱 성과의 기준으로 삼는 접근이다.

XLA의 출발점은 무엇을 사용자의 경험으로 볼 것인지를 명확하게 정의하는 일이다. 화면 구성이나 기능의 처리 속도 등의 반응을 개별적으로 판단하지 않고 고객이 특정 업무 프로세스를 얼마나 수월하게 완료했는지, 중간에 멈칫하거나 되돌아간 횟수는 얼마나 되는지, 도움 없이 스스로 해결했는지, 이용 과정에서 불안·혼란·짜증 등의 부정 감정이 줄었는지 등 하나의 사용자 여정 전체를 평가의 단위 항목으로 본다. 예를 들어 결제는 장바구니 담기부터 승인까지가 하나의 업무 처리 과정이므로, 사용자의 85%가 90초 안에 오류나 추가 문의 없이 모든 결제 단계를 마치는지에 대한 평가 항목을 설계할 수 있다. 상담 업무는 첫 연락에서 바로 해결된 비율과 통화 후 만족의 동시 상승을 목표로 설계할 수 있다. 속도와 가동률만으로는 사용자의 편안함을 보장할 수 없기 때문에 XLA 평가 체계는 바로 그 빈틈을 메우고 본질적인 가치에 더욱 집중할 수 있게 된다.

측정 방식은 사용자의 설문에만 기대지 않고, 고객 여정 곳곳에 자연스러운 발자국을 남겨 일의 흐름과 감정의 흔적을 함께 읽어야 한다. 사용자가 버튼을 누른 뒤 다음 화면으로 넘어가기까지의 시간, 뒤로 가기와 재시도 횟수, 오류 메시지 노출 빈도, 본인 확인·결제 등의 민감 구간의 이탈 지점이 모두 체감 품질의 핵심 단서다. 여기에 짧고 가벼운 한 줄의 만족도를 측정할 수 있다. 오늘 하려던 일을 마쳤는지, 얼마나 수월했는지, 다음에도 이 방법을 쓸지 등의 질문을 업무 여정 끝자락에 배치해 3초 안에 답하게 설계한다. 상담의 경우에는 대화 흐름에서 침묵 구간·말 끊김·불필요한 전환·감정 온도 변화 등을 자동으로 포착해 체감 점수로 가공한다. 핵심은 가능하면 비침투적으로 사용자의 추가 입력을 강요하지 않는 방식으로 수집해야 사용자 경험에 대한 수치가 왜곡되지 않는다는 점이다.

XLA는 사용자 설문 확대를 의미하지 않는다. 설문은 사용자의 피로를 낳으므로 최소한으로 진행하는 것이 원칙이다. 성수기·캠페인·대규모 업데이트 등의 맥락이 바뀌면 목표치도 시나리오별로 조정한다. 동일한 점수라도 상황에 따라 의미가 달라지므로 대시보드에 맥락을 함께 표기해 논쟁을 줄이고 실행을 빠르게 한다. 동시에 정보보호와 윤리를 최우선 원칙으로 둔다. 체감 품질을 측정하는 과정에서 불필요한 개인 정보를 수집하지 않고, 필요한 경우에는 가명 처리와 보존 기간을 명확히 적어 사용자 신뢰를 지킨다. 경험을 높이려다 신뢰를 잃으면 모든 노력이 무용해진다.

조직 운영 방식도 XLA에 맞춰 조정해야 한다. 체감 품질은 기능팀·채널팀·운영팀이 함께 만들기 때문에 팀의 업무 경계를 관통하는 지표가 필요하다. 여정 단위로 목표를 세우고 해당 여정에 관여하는 모든 팀이 동일한 숫자를 보게 한다. 이렇게 해야 어느 한 팀이 자기 지표만 문제없게 만들고 전체 사용자는 불편한 상황을 막을 수 있다. 회의에서도 보고서 대신 실제 수집된 데이터를 확인한다. 고객이 어디에서 멈칫했는지, 어떤 문구에서 가장 많이 되돌아갔는지, 어느 단계에서 상담 연결이 폭증했는지를 모두가 함께 볼 수 있어야 한다. 지표를 통해 문구 수정·순서 변경·안내 위치 조정·대체 경로 안내 추가 등의 작은 실험을 바로 적용해 보고 1~2주 뒤 동일한 지표로 재확인한다. XLA는 결과를 설계로, 설계를 다시 결과로 연결하는 고리인 셈이다.

특히 멀티벤더 아웃소싱 환경에서는 XLA 지표를 설계할 때 언어를 통일해야 한다. 서로 다른 수행사가 만족·해결·이탈 등의 단어를 제각각 정의하면 비교가 불가능하다. 모든 수행사가 쓰는 공통 용어집과 수집 규칙을 만들어야 하고 시간대와 결측 처리 방식까지 맞춘다. 대시보드는 수행사별로 관리하는 것이 아니라 여정별로 구성하고, 각 여정의 책임 주체를 한눈에 보이게 한다. 체감 품질이 하락하면 누가 먼저 움직이고, 어떤 순서로 대응하며, 얼마 안에 점검 보고가 올라와야 하는지까지 절차로 명확히 규정한다.

XLA는 한 번 설계하면 끝이 아니다. 제품·규제·경쟁사·계절 등이 바뀌면 체감의 기준도 옮겨 간다. 분기마다 사용자의 여정 흐름을 다시 점검하고, 새로 중요해진 구간을 추가한다. 더 이상 쓰이지 않는 지표는 과감히 걷어 낸다. XLA 지표를 늘리는 것이 성숙이 아니다. 고객이 느끼는 핵심 몇 가지를 정확히 잡아내고, 그 몇 가지 지표를 흔들림없이 운영하는 것이 성숙이다. 그 결과로 고객의 행동이 바뀐다. 이탈이 줄고 반복 사용이 늘고 불만이 잦아든다. 매출과 비용 곡선도 함께 변한다.

XLA는 결국 숫자의 문제가 아니라 방향의 문제다. 고객의 눈앞에서 벌어지는 일을 기록하고, 그 기록을 바탕으로 작은 수정을 반복하며, 팀과 수행사가 동일한 하나의 화면을 보게 만드는 운영체계이다. SLA가 서비스가 멀쩡한지 정상적으로 동작했는지 여부를 묻는다면, XLA는 그 서비스를 사용하는 사람이 얼마나 편했는지를 묻는 방식이다.

평가의 질문을 바꾸면 개선의 방향도 바뀐다. 사용자·고객이 실제 체감하는 혁신을 할 수 있도록 아웃소싱의 방향을 전환하는 것이 아웃소싱을 다음 단계로 성장시키는 가장 확실한 지름길이다.

9

혁신에 대한 고민과 이해

혁신을 가로막는 구조적 장벽과 돌파 전략
과거와의 갈등을 최소화하는 방법

대부분의 IT 아웃소싱 조직에서 AX 혁신이 더디거나 좌초되는 이유는 기술 그 자체보다 구조적·사회적 메커니즘에 있다. 기존 시스템을 운영하고 성과를 내 온 고객사 조직과 수행사의 구성원들은 자신들이 회사 생활의 오랜 기간 동안 이미 구축한 수행체계·시스템·아키텍처·프로세스에 품질과 안정성 등의 합리적 이유를 붙여 혁신을 방어한다. 이는 단순히 보수성의 문제뿐 아니라 그들의 평가·보상 지표가 가용성·장애·정보보호·프로세스·규정 준수 등 다방면에서 품질과 안정성을 강하게 요구하기 때문이다. 반면 혁신은 필연적으로 불확실성과 시행착오를 동반한다. 안정성을 최우선으로 하는 조직에서 혁신의 원리가 작동하기 어렵다는 딜레마가 여기서 생긴다. 이 충돌은 논리적인 설득으로만 해결되지 않는다. 의사결정 권한·협의 절차·평가 지표·예산 구조 전반을 바꾸는 개입이 필요하다.

이 문제의 뿌리는 세 가지로 정리할 수 있다. 첫 번째는 경로 의존성이다. 과거의 성공 공식이 현재의 표준이 되어서 미래의 새로운 선택을 억압한다. 두 번째는 수행 조직과 IT 시스템 간의 미러링(Mirroring)이다. 기능별 사일로로 나뉜 조직은 기능별로 쪼개진 시스템을 낳고, 이는 전사적 프로세스 재설계를 어렵게 만든다. 세 번째는 지표에 대한 락인이다. 장애 0건 등의 단일 지표가 절대화되면 변경과 테스트를 통해 학습해야 하는 변화·혁신 활동은 제도적으로 불리해진다. 이러한 상황에서 혁신 조직은 문제만 일으키는 조직이 되어 버린다. 이 조건에서 혁신팀이 현업의 관행과 타협하면 혁신의 추진력이 희미해지고, 정면 충돌하면 운영 리스크를 이유로 곧장 제동이 걸린다.

해법의 출발점은 혁신의 주체와 혁신의 대상을 분리하는 것이다. 혁신은 기존 운영 조직의 잔여 시간으로 수행하는 부업이 아니라, 충분한 권한과 보호막이 있는 새로운 조직이 수행해야 한다. 많은 글로벌 기업이 혁신을 위한 전담 조직을 신설하는 이유이다. 이들은 제품 책임자와 아키텍트 및 데이터·AI·보안 분야의 SRE(Site Reliability Engineering) 전문가로 구성된 제품 중심 스쿼드를 꾸리고, 공동 백로그와 성과 대시보드로 움직인다. 반면 혁신의 대상이 되는 현업 운영 조직은 문제 정의·제약사항·비즈니스 지표 등을 제공하지만, 개선 방법은 혁신 주체가 결정해야 한다. 이러한 권한 분리는 역량의 차이보다는 혁신을 위한 역할의 전문화이다. 운영 조직의 목표가 현재 시스템의 안정이라면, 혁신 조직의 목표는 변화와 혁신의 속도와 올바른 방향이다. 목표가 다르면 권한과 지표도 달라져야 한다.

다음으로 혁신의 과정에서는 체계적으로 설계된 단계적 전환 전략이 필요하다. 전면 교체(Big Bang) 방식은 대부분 실패한다. 혁신 주체는 새로운 아키텍처와 데이터 모델, 거버넌스를 샌드박스 환경에서 검증하고 점진적·단계적 전환을 통해 위험을 국소화한다. 운영 조직이 "변경은 위험하다"는 관성적인 논리로 혁신을 무기한 지연시키지 않도록 사용자 대상의 변화 관리를 통해 공감대와 지지를 얻고, 경영진이 승인한 공식 룰로 갈등을 중재해야 한다. 업무 전환은 도메인 단위로 쪼개 순차적으로 진행하고, 각 도메인마다 장애 복구 계획을 명문화해 실패의 비용을 제한해야 한다.

혁신은 리더십의 스폰서십 없이는 지속되지 않는다. 최고경영층이 합의된 혁신을 가로막지 않는다는 방해 금지 룰(No Sabotage Rule), 즉 합의된 실험을 상위 조직이 뒤집지 않겠다는 원칙을 명확히 하고 연간 IT 비용의 일정 비율을 절감하여 혁신 기금으로 전환해야 한다. 우선 필요한 업무에 예산을 집행한 뒤에 남는 잔여 예산이 있으면 혁신도 해보자는 방식으로는 아무것도 바꿀 수가 없다.

혁신은 그 과정에서 발생하는 기존 구성원들의 자존감 등의 심리적인 요인과 수행사들의 생계에 미치는 영향 등을 전략의 중심에 함께 놓고 고려해야 한다. 가짜 일을 제거하는 혁신의 활동은 조직의 건강을 위해 필요하지만, 구성원 입장에서는 자신의 숙련이 제대로 평가받지 못한다는 메시지로 들릴 수 있다. 따라서 재교육·재배치·직무 전환 등의 경로를 사전에 설계하고, 최소 6~18개월 동안 생산성 향상 결과물의 일부를 구성원과 수행사에게 되돌려주는 정책과 문화가 필요하다. 그래야 혁신이 누군가의 일자리를 빼앗는 사건이 아니라, 그들의 일하는 방식과 역할을 개선하는 여정으로 받아들이고 공동의 목표로 인식하게 된다. 그 위에서 리더십은 무엇을 더 이상 하지 않을지를 공개적으로 선언하고, 정책을 시스템 기반의 코드(Policy as Code)로 운영해 임의적 해석의 여지를 줄여야 한다. 혁신은 단순히 구성원의 의지 문제가 아니라, 권한·지표·예산·절차가 일관되게 혁신 편이 되도록 설계하는 경영 공학의 문제다. 이렇게 아웃소싱과 관련한 구조 전반을 바꾸면, 관행과 혁신의 힘겨루기는 갈등이 아니라 학습과 확장의 선순환으로 전환될 수 있다.

리듬감, 속도와 타이밍의 설계
AX 혁신을 성공시키는 결정적 변수

AX 혁신은 기술 선택의 문제가 아니라 속도와 타이밍을 어떻게 설계할지에 대한 문제이다. 내부 인력만으로 움직이는 IT 조직에서는 약간 느려도 큰 상처가 나지 않지만, 다수의 목표와 이해관계를 가진 아웃소싱 중심 수행체계에서는 타이밍을 놓치는 순간 비용은 기하급수적으로 늘어나고 혁신의 동력은 차갑게 식는다. 정해진 시점에 필요한 속도로 끊김 없이 전환하는 것, 그 리듬감 자체가 곧 전략이다.

첫 번째 과제는 AX 로드맵과 일정 계획을 공유하고 혁신의 속도를 서로 합의하는 일이다. 즉 혁신에 참여하는 모든 사람들의 시계를 동일하게 맞추는 것이 필요하다. IT 기술 부서, 여러 수행사, 보안·감사·현업·구매 부서가 저마다 다른 리듬으로 일하면 혁신의 가속은 불가능하다. 모든 참여자가 공유하는 전환 일정 계획과 템포에 대한 로드맵을 만들어야 한다. 언제 시범 도입을 시작하고 무엇을 기준으로 확대하며 어떻게 의사결정을 내릴지 사전에 합의해야 한다. 여기에 더불어 의사결정 권한과 과제의 우선순위를 정의하고 관리한다.

두 번째 과제는 구성원의 동의와 공감을 확보하는 것이다. AX 혁신의 결과는 누군가에게 편익을, 다른 누군가에게는 역할 축소와 불안을 가져온다. 이러한 심리적 반발을 단순하게 힘으로 누르면 조직은 움직이겠지만 앞으로 나아가지 못하고 제자리를 빙빙 돌게 된다. 구성원들의 상황과 이해관계를 충분히 분석하여 변화 관리 전략을 수립하고, 보상·전환·재배치를 포함한 완충책을 동시에 제시해야 한다. 자동화로 줄어드는 업무에는 교육과 역할 설계를 미리 검토하고, 성과 절감분의 일부를 일정 기간 보상하여 이익을 공유하는 약속을 포함한다. 잃을 것이 없는 참여자만 모으는 혁신은 존재하지 않는다. 속도를 내려면 함께 갈 이유를 만들고 구성원들의 공감대를 확보해야 한다.

세 번째 과제는 일하는 방식의 재설계다. 협력 기반의 업무 프로세스가 설계되어 있지 않으면, 금세 불신과 갈등이 확산되고 비본질적인 토론과 협의만 지속하게 된다. 공동의 백로그와 업무 양식 등을 관리하고, 상태 정의와 검수 기준 등의 최소한의 업무 규칙을 동일하게 설정해야 한다. 업무 회의는 일일 운영 점검과 월간 리더 성과 리뷰의 2단계로 운영한다. 논의는 각 회사가 각자 만든 지표가 아니라 하나의 진실을 본다. 이런 소소한 장치들이 모여 혁신의 속도를 만든다.

네 번째 과제는 시범 도입·확대 적용·표준화의 타이밍이다. 시범 도입은 보여 주기가 아니라 검증이다. 성공 기준과 중단 기준을 사전에 정의하고 빠르게 결론을 내야 한다. 확대 적용은 적용 범위를 욕심내지 않고 유사군을 늘리는 방식으로 속도를 얻는다. 표준화는 가장 늦게, 그러나 단호하게 한다. 너무 빠르게 표준을 정의하면 조직의 다양성과 유연성이 죽고 현실성과 예외를 충분히 고려하지 않아 올바르지 않은 의사결정을 하기 쉽다. 다만 표준을 너무 늦게 확정하면 현장에서는 혼란이 길어질 수 있음에 유의해야 한다.

다섯 번째 과제는 파트너와의 속도 정렬이다. 아웃소싱 체계의 혁신 속도는 상대가 허락해야 빨라질 수 있다. 따라서 계약은 복잡한 조항보다 결과와 속도를 보상하는 간결한 규칙으로 바꾼다. 목표를 넘기면 보너스, 실패하면 자동 감액과 재시도 등의 다양한 장치를 계약에 반영한다.

커뮤니케이션의 속도 역시 중요하다. 혁신의 절반은 설명이다. 왜 해야 하는지, 무엇이 바뀌는지, 누가 이득·손실을 보는지, 실패하면 어떻게 후속 대응 및 조치를 해야 하는지 투명하게 말한다. 아웃소싱 현장의 질문에 대해서도 최대한 답을 해야 한다. 답을 모르면 모른다고 말하고, 답을 확인한 뒤에는 반드시 내용을 함께 공유한다. 수다를 늘리는 것이 아니라, 필요한 커뮤니케이션을 더 자주·더 명확하게·더 일관되게 하는 것이 중요하다.

혁신은 무조건 빠르게 추진하는 무모함이 아니라 치밀하게 설계된 리듬에 따라 실행되어야 한다. 무엇을 언제 실험하고, 언제 잠시 속도를 늦추며, 언제 전력 질주할지의 페이스 전략이 있어야 지치지 않는다. 자동화를 통해 절감한 아웃소싱 구성원들의 시간과 비용을 다시 혁신으로 투입하는 순환 구조를 만들면, 혁신은 일회성 캠페인이 아니라 아웃소싱 조직의 체력이 된다.

AX 혁신의 성패는 기술 자체보다는 타이밍과 속도가 좌우한다. 이해관계를 조율하여 함께 갈 이유를 만들고, 사실을 중심으로 말하며, 업무 전환의 리듬을 만들어 나아가야 한다. 그렇게 체계적으로 설계된 전략이 있어야만 복잡한 아웃소싱 체계를 앞으로 달리게 할 수 있다. 단순히 빠르게 움직이는 것이 아니라, 제때에 적절한 속도로 정확하게 가는 것을 목표로 삼아야 한다.

혁신을 잠식하는 비용과 해법
보이지 않는 이자, 기술 부채

기술 부채는 "지금은 일단 넘어가고, 나중에 제대로 고치자"라는 잘못된 선택이 쌓이며 생기는 보이지 않는 빚이다. 오늘 당장의 일정·예산·성과를 맞추기 위해 해야 할 일을 하지 않고 우회로를 남겨 둘 때마다 기술 부채의 이자는 늘어나고, 시간이 흐를수록 변경의 속도는 느려지며, 장애와 보안 사고의 확률과 피해 규모가 함께 커진다. 품질과 안정만을 이유로 기존 체계를 고수하는 운영 쪽과 변화의 속도를 이유로 임시 방편을 택하는 혁신 쪽이 서로를 정당화할수록 부채는 복리로 불어나 조직의 추진력을 갉아먹는 구조가 된다.

이 기술 부채는 소스 코드 몇 줄의 문제가 아니다. 서비스의 경계가 모호하거나 기술 요소 간 결합이 과도한 설계 부채가 있으면 서비스 확장과 장애 복구가 늦어진다. 테스트가 빈약하고 복잡도가 높아질수록 출시 위험이 늘어나는 품질 부채가 생긴다. 수동 배포와 수동 점검, 엑셀 보고가 늘어날수록 회의와 산출물만 많은 관리 부채가 쌓인다. 오래된 외부 구성 요소 방치·과도한 권한·기록 미흡은 보안·규제 부채를 키운다. 중복된 데이터 구조와 검증 자동화의 부재는 데이터 부채로 이어진다. 관제와 상담 등의 현장 업무도 예외가 아니다. 업데이트가 늦은 지식 문서와 중복된 스크립트는 상황 대응력을 떨어뜨리고, 불필요한 승인과 보고를 양산한다. 이런 상태에서 자동화나 AI 도구를 도입하면 낡은 지식과 운영의 비효율을 더 빠르게 확산시키는 역효과가 발생한다.

관리의 출발점은 측정이다. 기술 부채의 이자는 현장에서 다양한 방식의 신호로 나타난다. 변경 시간 증가, 변경 실패율 상승, 장애 복구 지연, 야간 호출 증가, 재발하는 결함 증가, 체감 속도 악화, 보안 취약점 적체 등이 그 신호이다. 반대로 기술 부채의 원금은 구조적 지표로 드러난다. 테스트가 없는 소스 코드의 비중, 결합과 복잡도의 수준, 미확정 설계 기록, 수동 절차의 개수, 해결되지 않은 취약점의 수와 등급, 운영 문서의 업데이트 비율, 데이터 품질 규칙의 적용 범위, 평가 데이터의 최신성 등의 관리 항목이다.

기술 부채의 상환을 혁신 계획과 분리하는 것은 적절하지 않다. 아웃소싱 비용의 일정 비율을 최적화하여 리팩토링(Refactoring)과 업무 자동화 등의 혁신 활동에 배정하지 않으면, 해결하기 어려운 기술 부채를 매번 회피하고 예외를 적용하는 행태가 반복된다. 수정이 필요한 모듈의 소스 코드 전체를 이전 상태보다 더 깔끔하게 수정하는 규범을 팀의 습관으로 만들어 가야 한다. 운영 조직의 목표에는 반복 수작업 제거와 자동화 목표를 명시하고, 오류 허용량과 연결해 출시 속도와 안정의 균형을 정책으로 관리하면 안정과 개선의 감정 싸움을 규칙 기반 합의로 바꿀 수 있다.

혁신을 위한 아웃소싱 거버넌스는 기술 부채 장부의 작성에서 시작한다. 발견 시점·우선순위·상환 계획·책임자·만기일 등을 기록하고, 반복되는 보류 항목은 변경 관리 위원회 보고를 의무화한다. 운영 예산의 일정 비율을 기술 부채 상환 및 공통 플랫폼 투자로 용도를 미리 배정하여 개별 프로젝트의 상황에 좌지우지되지 않게 해야 한다. 장기 계약, 대규모 라이선스 구매, 데이터 소유권 훼손 등의 되돌리기 어려운 결정은 사전 심사를 강화해 기술 부채를 키우는 선택을 원천적으로 차단한다. 아웃소싱 계약에도 기술 부채의 상환 지표를 넣을 수 있다. 문서 최신화율, 보안 취약점 해결 속도, 수동 절차의 자동화율 등의 항목을 SLA 지표와 보상에 연결하면 수행사 구성원들의 동기까지 정렬된다. 기술 부채의 상환은 흔히 추가적인 잡무로 인식될 수 있으므로, 이를 극복하려면 부채 상환을 성과 보상 체계에 반드시 편입해야 한다.

기술 부채 관리는 AX 전환의 전제 조건이다. 기술 부채의 이자와 원금을 수치로 드러내고 상환 규모·절차·계획을 예산·계약·조직 규칙으로 명확하게 정의하며 평가·데이터 소유 등의 특수 항목을 거버넌스에 편입하는 순간, 조직은 빚을 갚으면서도 더 빨리 달리는 상태에 진입한다. 혁신은 의지의 문제가 아니라 복리로 불어나는 기술 부채의 이자를 통제하는 거버넌스의 문제이다.

두 개의 성장 엔진, 변화와 혁신의 경계
현재를 다듬을 것인가, 질서를 바꿀 것인가

IT 아웃소싱에서 변화(Change)와 혁신(Transformation)은 목표·범위·리스크·운영 방식이 전혀 다르다. 변화는 지금의 시스템과 프로세스를 더 잘 작동하게 만드는 점진적 개선에 가깝다. 성능 튜닝으로 시스템 처리 시간의 지연을 조금 낮추거나, 기존의 인프라 환경을 거의 손대지 않고 클라우드로 옮기는 Lift & Shift 방식의 마이그레이션 프로젝트, 상담 스크립트를 보완하여 응답률을 높이는 활동 등이 여기에 해당한다. 이런 변화는 주로 비용·SLA·처리량 등의 운영 관리 항목과 지표를 점진적으로 개선한다. 변화를 실행하는 과정은 리스크가 낮고 주 단위 혹은 월 단위로 변화의 효과를 확인할 수 있다. 조직 측면에서도 기존 기능 조직을 유지한 채 역할을 미세 조정하고 변경 관리와 배포 통제를 강화하는 정도면 충분한 경우가 많다. 구매와 계약 역시 고정 범위·고정가 혹은 T&M 형태가 적합하며, 예산 예측 가능성과 절차 준수 여부가 평가의 중심이 된다.

반면 혁신은 서비스의 고객 경험을 새롭게 정의하고 아웃소싱의 일하는 방식과 가치 창출 방식 자체를 다시 설계하는 일이다. 데이터 구조와 업무 경계를 재정의하고 커다란 단일 시스템을 고객 여정이나 도메인 중심의 작은 서비스로 쪼갠 뒤 서로를 연결하는 플랫폼을 별도로 구성하는 결정 등이 여기에 해당한다. AI 기술 기반의 자동화를 통해 개발·운영의 반복 작업을 Agent가 수행하도록 바꾸고, 사람은 설계와 판단에 집중하게 만드는 역할의 재편도 혁신의 범주다. 이때는 수행 조직도 바뀐다. 제품 단위로 작은 전담팀을 꾸리고, 신뢰성과 비용을 공통으로 책임지는 플랫폼팀을 운영하며, 품질과 복구 시간을 전담하는 품질 전문조직을 보강해야 한다. 승인과 통제도 문서 결재 중심에서 벗어나 AI와 시스템을 통해 규칙을 자동으로 처리하는 방식으로 바뀌어야 한다. 성과 지표는 운영 안정성과 더불어 출시 속도·고객 경험·전환율·신규 매출까지 포함되어야 하며, 혁신에 성공하면 회사의 비용과 매출의 곡선 자체가 다시 그려지는 결과를 가져와야 한다.

변화와 혁신, 두 개념을 구분하는 가장 빠른 질문은 우리가 바꾸려는 것이 시스템 기능·일하는 방식·절차·속도인지, 아니면 제품·플랫폼·조직·운영모델 그 자체인지를 확인하는 것이다. 전자라면 변화에 가깝고 후자라면 혁신일 가능성이 높다. 예를 들어 목표 지표가 SLA·단가·대가 중심이면 변화이고, 고객·가치·시장 지표 중심이면 혁신이다. 실제로는 변화와 혁신을 함께 병렬적으로 추진하는 2-Speed 전략이 가장 현실적이다. 안정과 비용 절감은 변화로 단기간에 확보하되, 그로 생긴 자원을 혁신의 자원으로 재투자하여 새로운 플랫폼·데이터·AI 기술 기반 운영을 점진적이고 지속적으로 구축하는 방식이다.

구매와 계약에서도 변화와 혁신 간의 관점 차이가 뚜렷하다. 변화 과제는 고정 범위나 단순한 도급 용역계약 방식으로도 충분하며, 수용 기준은 기능 존재 여부와 성능·보안 보고서로 정의해도 무리가 없다. 반대로 혁신은 단계형 구조가 안전하다. POC 단계에서 기술적 가설을 검증하고, 시범 적용(Pilot) 단계에서 운영·비즈니스 지표를 실제 조건에서 소규모 적용하여 점검한 뒤, 최종적으로 회사에 적용하기 위해 대규모 운영 요건을 확정하고 계약을 추진하는 3단계가 전형적이다. 그리고 그 프로젝트의 보상은 단순한 인력 투입량이 아니라 결과와 사용량, 그리고 성과보상(Profit Share)을 혼합해 설계해야 수행사·벤더가 함께 주도적으로 참여하고 성공적으로 혁신을 추진할 수 있다.

단순히 AI 기술을 도입하거나 클라우드로 이전하는 자체는 혁신이 아니다. IT 시스템의 아키텍처·운영 방식·수행 조직 등이 새롭게 바뀌지 않으면 비용 구조와 민첩성은 제한적으로만 개선된다. 글로벌 빅테크의 다양한 새로운 도구와 제품을 도입하는 것 또한 그 자체는 혁신이 아니다. 관리 지표·책임·역할·계약·보상·수행체계·업무 프로세스 전반이 모두 가치 창출 방식에 맞춰 재설계되어야 비로소 혁신이다. 한 문장으로 요약하면 변화는 현재를 더 잘하게 만드는 일이고, 혁신은 회사가 무엇을 어떻게 하는지 그 자체를 새롭게 바꾸는 일이다.

설계도의 시대를 넘어 제품 사고 방식으로의 전환
불확실한 AX 시대에 설계도만으로는 실패한다

AX 시대의 IT 아웃소싱은 더 이상 두꺼운 요구 사항 정의서와 상세 설계도를 수행사에 전달하고 그대로 구현하라는 방식으로는 성공하기 어렵다. 시장 변화와 규제·경쟁·기술 발전의 속도가 설계 문서의 유효기간을 짧게 만들고, 사용자 행동은 출시 후에야 제대로 드러나기 때문이다. 무엇보다도 소프트웨어는 문서로 완결되지 않는 도메인 규칙의 예외·운영 경계조건·장애 복구의 요령 등 수많은 암묵지를 품고 있다. 이는 개발·운영 현장에서 몸으로 학습되지 않으면 프로젝트 초기에 기대한 품질과 속도로 연결되지 않는다. 현대적 아웃소싱의 초점은 정답을 미리 정확하게 적는 일이 아니다. 고객사의 문제를 정의하고 가설을 세운 뒤 작은 테스트를 빠르게 진행해서 적용하고 학습하는 수행체계를 고객사와 수행사가 함께 직접 설계하고 실행하는 데 있다.

AX 시대의 고객사의 요구는 본질적으로 불완전하고 가변적이다. 계약 시점의 요구 사항은 당시 시장 지식과 가정의 스냅샷일 뿐이다. 출시 직전의 규제 해석 변경, 경쟁사의 새로운 서비스와 기능 등의 외생

변수는 초기에 설정한 가정과 설계를 쉽게 무력화한다. 그러므로 고정된 업무 범위에 고정 대가를 확정하는 전통적 계약 방식은 변경을 억누르거나 비용 분쟁을 증폭시킬 수밖에 없다. 계획과 요구 사항을 변경할 수 있는 합의된 절차·기준과 공동 백로그를 전제로 우선순위를 주기적으로 재조정하는 방식이 합리적이고 바람직한 운영 방향이다. 이때 변경은 예외가 아니라 상수로 가정하고, 불확실성을 전제로 한 가격·일정 조정 메커니즘을 포함한 변경 규칙을 아웃소싱 계약에 내장하고 실제 운영해야 한다.

그리고 고객사는 암묵지의 비중을 인정해야 한다. 상세 설계서가 아무리 충실해도 설계 의도와 운영 현장의 제약, 실패에서 배운 교훈까지 완전하게 담아내기 어렵다. 해결책은 문서를 늘리는 것이 아니라 현장 학습을 제도화하는 것이다. 고객사와 수행사가 함께 제품 역량을 탐색하는 활동을 일상적이고 정기적인 활동으로 운영할 수 있도록 하고, 활동 중에 도출된 가설과 지식을 기반으로 소규모 기능을 구현해 실제 사용자와 데이터에서 검증 가능하게 만든다. 설계 의사결정은 기록으로 남기고 로그·관제 시스템 기반으로 장애·성능 이슈의 원인을 분석하여 재현 가능하게 만드는 것이 중요하다.

프로젝트 사고(Project Thinking)에서 제품 사고(Product Thinking)로의 전환도 중요하다. 프로젝트는 정해진 기능을 기한 내에 납품하는 것이 목표이지만, 제품은 문제를 풀며 핵심 지표를 개선하는 여정이다. 아웃소싱 제품팀은 요구 사항 목록을 하나씩 해결하는 것뿐만 아니라 문제→가설→테스트→학습의 고리를 잘 운영해야 한다. 이를 위해 실제 구현하는 조직과 별도로 디스커버리 조직을 분리하여 운영하는 방식도 검토할 수 있다. 고객사뿐 아니라 수행사에서도 고객의 사용자 경험을 기반으로 새로운 개발 요구 사항을 발굴하고 백로그에 추가할 수 있어야 한다. 수행사에게 고객사의 서비스를 자신들의 제품으로 인식하고 수행하도록 만드는 것은 한계가 있다. 그럼에도 불구하고 수행사가 자신의 제품이라고 인식하고 이를 주도적으로 개선하도록 만드는 것이 핵심이다.

개발과 배포는 실패의 영향 범위를 작게 만드는 설계를 기본으로 삼아야 한다. 일부 사용자에게만 먼저 적용하는 배포를 표준으로 하는 등의 방식을 통해 문제가 생겨도 빠르게 되돌릴 수 있도록 해야 한다. 무엇이 더 효과적인지는 감으로 정하지 않는다. 사용자 행동 분석과 간단한 테스트로 판단한다. 그리고 이러한 설계·해석 능력 자체를 역할과 계약에 포함해야 한다. 오늘의 환경에서는 평가 자동화가 특히 중요하다. 사전에 정의된 품질 기준을 자동으로 측정하고, 이전 버전과 비교 검증하는 파이프라인을 구축해 빠르게 이루어지는 다양한 변경 사항들이 의도치 않은 서비스 품질 저하를 만들지 않게 관리해야 한다.

거버넌스와 계약도 이 운영 모델에 정렬되어야 한다. 결과물은 소스 코드와 화면만이 아니라 테스트 방법, 성능·보안 보고, 운영 대시보드, 장애 대응·복구 절차, 전환 계획까지 모두 포괄해야 한다. 수용 기준은 기능이 얼마나 많이 개발되었는지가 아니라 핵심 지표가 얼마만큼 개선되었는가 여부로 정의한다.

　결국 계약 시점에 요청한 요구 사항과 설계도대로만 만들어 달라는 고객사의 주문은 AX 시대에 존재하는 불확실성과 현실을 외면한 요청이다. 성공하는 아웃소싱은 측정 가능하도록 설계하고, 작은 단위로 개발·테스트하며, 그 결과를 기반으로 의사결정하고, 시장 상황과 프로젝트 경과를 기반으로 요구 사항과 목표를 지속적으로 조정해야 한다. 이 원칙이 계약·조직·개발 도구 등에 충분히 녹아 있을 때, 고객사와 수행사는 서비스와 품질을 함께 키워 갈 수 있다. 아웃소싱은 프로젝트의 시작과 끝이 중요한 것이 아니라 함께 만들어 가는 과정이 중요해지고 있다.

아웃소싱 혁신의 변화 관리
기술이나 계약보다 사람이 먼저다

아웃소싱 혁신의 성패는 계약서나 기술 선택보다 사람의 마음을 움직이는 데서 결정된다. 새로운 서비스와 기술이 발표되는 순간, 내부에서는 역할이 줄어들지 모른다는 불안이 생기고 수행사는 업무가 축소되거나 교체될 수 있다는 경계심을 품는다. 이 당연한 구성원들의 정서를 섬세하게 다루지 못하면 최고의 계획도 실행되지 못하고 책상 위에서 문서로만 존재하게 된다. 문화와 변화 관리는 이러한 불안을 해소하고, 서로의 심리적 안전을 보장하며, 갈등을 학습으로 바꾸는 일련의 장치와 습관을 설계하는 작업이다.

우선 변화의 이유를 기술이나 회사의 관점이 아니라 사람의 언어로 설명하는 것이 중요하다. 비용 절감이나 최신 기술 도입 등의 추상적 메시지로는 움직이지 않는다. 왜 지금 바꾸는지, 바꾸면 고객의 경험과 현장의 업무가 어떻게 달라지는지, 앞으로 무엇을 더 하지 않아도 되고 무엇을 새로 할 수 있게 되는 것인지까지 구체적으로 설명하고 토론해야 한다. 경영진의 한두 번의 선언으로는 부족하다. 구성원들에게 다양한 사례와 정확한 분석 결과를 기반으로 변화의 방향을 반복적으로 설명하고, 모든 과제의 목표·우선순위·평가 기준에 일관되게 그 전략 목표를 반영해 나가야 한다. 큰 배의 방향을 바꾸는 일은 구성원들에게 지속적으로 끈질기게 설명하는 꾸준함이 만들어 내는 일관성의 결과이기 때문이다.

역할 소멸에 대한 내부 직원의 불안은 역할 재설계로 다루어야 한다. 반복 작업과 단순 운영은 아웃소싱과 AI 기술을 활용한 자동화로 전환하되, 신기술 도입·고객 경험 개선·정책 설계·품질 기준 수립·데이터 해석 등의 가치 높은 업무를 내부의 새로운 역할로 정의하고 전환해 나가야 한다. 또한 이를 말로만 약속하지 말고, 승진·보상·교육 체계에 연결해 변화의 신호를 명확히 보내야 한다. 무엇을 더 이상 하지 않을지 공개적으로 선언하고, 축소·중단되는 업무의 목록을 지속적으로 갱신하면 현장은 조금씩 회사의 방향성을 따르게 된다.

수행사와의 협업은 심리적 안전에서 출발한다. 잘못이 드러나면 처벌이 먼저 언급되는 아웃소싱 문화에서는 누구도 사실을 빨리 말하지 않는다. 장애·지연·품질 이슈는 비난이 아닌 복기 회의에서 논의하고, 문제의 근본 원인보다 대응 방안과 대책 마련을 먼저 정리해야 한다. 책임은 개인이 아니라 프로세스에서 찾고, 개선안과 확인 시점을 문서로 남겨 추적한다. 회의에서는 직급이 아닌 역할을 중심으로 자유롭게 토론해야 하고, 동일한 자료를 함께 준비하고 검토해야 한다. 서로의 팀을 각각의 고객사와 수행사가 아니라 상징적으로 하나의 제품

팀으로 통합시키는 것이 중요하다. 공동 목표·공동 대시보드·공동 회고 등의 다양한 공동의 장치를 만들어야 한다. 이렇게 경험해야 수행사의 구성원들이 자신의 일을 단순한 수행이 아니라 기여로 인식하게 된다.

고객사와 수행사 사이의 갈등은 없앨 수 있는 문제가 아니라 구성원과 조직 문화를 고려하여 섬세하게 설계해야 하는 대상이다. 혁신의 과정에서 업무 역할의 경계가 바뀌는 충돌은 자연스러운 현상이다. 중요한 것은 충돌이 발생했을 때 빠르고 공정하게 처리하는 업무 프로세스를 마련하는 것이다. 아웃소싱 수행 과정에서 발생하는 다양한 문제를 해결하기 위한 의사결정 창구와 시간 제한을 명확하게 정의하여 문제가 불필요하게 장기화되지 않도록 하고, 분쟁 판단의 기준을 사전에 문서화해 감정이 개입할 여지를 줄인다. 일상에서는 작은 약속을 지키는 습관이 서로의 신뢰를 만든다. 회의 시작·종료 시간, 사전 자료 공유, 책임 배분의 표준 등의 일상의 규칙을 소홀히 다루지 않아야 한다. 문화란 결국 반복되는 사소한 소통의 집합이기 때문이다.

학습과 인정은 변화를 지속시키는 연료다. 성공 사례뿐만 아니라 실패에서 배운 점을 솔직하게 공개하고, 구성원들의 창의적인 실험과 개선의 노력에 보상을 연결해야 한다. 내부 직원과 수행사 구성원이 함께 만든 개선 결과를 공동의 성과물로 소개하고, 비용 절감이나 고객 만족의 실적을 공유한다. 자동화나 새로운 도구 도입으로 절감된 비용의 일부를 일정 기간 공동으로 배분하는 규칙을 둔다면, 수행사는 능동적 혁신으로 이익을 얻고 내부는 비용의 예측 가능성을 얻는다. 이 구조가 자리 잡을 때 수행사의 희생만을 강요하는 부작용은 줄어들고, 비용 혁신에 대한 피로감은 자부심으로 바뀐다.

결국 아웃소싱 조직 문화를 만들고 변화를 관리하는 활동은 구성원들을 보호하면서 업무를 바꾸는 기술이다. 고객사는 수행사를 통제의 대상으로 보지 않고 성과를 함께 만드는 동료로 대하며, 내부 인력을 비용이 아니라 역량의 원천으로 존중해야 한다. 변화의 이유를 회사가 아닌 구성원들의 언어로 말하고, 역할을 재설계하여 안전을 보장하며, 갈등을 섬세하게 조정하고, 배운 것을 투명하게 공개하는 조직만이 혁신을 이뤄 낼 수 있다. 전략은 문서로 시작하지만 혁신은 사람과 문화로 완성된다.

AX 시대의 아웃소싱, 해체와 재구성을 통한 파괴적 혁신

AX 시대의 IT 아웃소싱 계약을 설계할 때 고민하고 다뤄야 하는 것은 단순히 계약서와 요구 사항대로 정확하게 관리하고 통제하는 방법이 아니다. 앞으로 우리가 고민해야 하는 것은 어떻게 해야 아웃소싱 조직이 더 빨리 배우고 안전하게 불확실성과 위험을 통제하며 더 짧은 시간 안에 고객 가치를 실현할 수 있을지 하는 것이다. 이제 경쟁의 초점은 인력 투입이 아니라 학습 능력과 전환 속도를 높이는 데 있다. 과거의 아웃소싱은 단순히 우리에게 부족한 인력을 메우고 운영 비용을 줄이는 데 집중했지만, 이제는 AI 기술과 Agent가 일상 업무에 깊이 침투하면서 성과를 만드는 규칙 자체가 달라졌다. 더 이상 어떤 역량을 가진 사람 몇 명을 얼마나 빠르게 현장에 투입했는지가 아웃소싱의 성과를 보장하지 않는다. AX 시대의 IT 아웃소싱 성패는 빠르게 동작하는 수행체계와 업무 프로세스를 설계하고 투명하게 데이터를 공유하며 유연하게 계약·조직·수행체계를 재편할 수 있는가에 달려 있다. 이 책에서 다룬 수많은 논의를 하나로 정리하면 다음과 같다. 아웃소싱은 단순히 회사의 인력을 쉽게 공급하고 비용을 절감하는 도구가 아니라 기업의 혁신과 품질 향상을 견인하는 전략적 엔진이다.

AX 시대에 생존하려면 기존에 운영되던 아웃소싱 구조를 근본적으로 해체해 재구성해야 한다. AI 기술과 Agent가 보편화된 환경에서 인력 규모에 의존한 반복 작업 위주의 외주 운영으로는 경쟁력을 유지하기 어렵다. 고객이 더욱 빠른 전환·높은 품질·새로운 사용자 경험을 요구하고 있는 만큼, 아웃소싱 체계의 구조 전반을 파괴적으로 혁신해야 한다.

1. 기술이 아닌 가치에서 출발하라

아웃소싱의 출발점은 더 이상 기술 그 자체가 아니다. 어떤 기술을 활용하고 어떤 도구나 솔루션을 쓰는지보다 중요한 것은 그것이 우리의 문제를 얼마나 빠르고 효과적으로 해결하는지 여부다. 좋은 소프트웨어는 투입 자원과 무관하게 10배 혹은 100배의 성과를 낼 수 있다. 따라서 요구 사항 정의서와 기능 목록을 기준으로 벤더를 평가하는 시대는 끝났다. 고객사는 이제 문제 정의→가설 설정→테스트→평가의 학습 과정을 벤더와 함께 설계해야 한다. AX 시대에는 더욱 그렇다. AI Agent 등 AI 기술을 접목한 다양한 상용 서비스들은 초기 데모에서 화려하게 보일 수 있다. 그러나 진정한 가치는 그것이 실제 고객 여정에서 전환율을 얼마나 높였는지, 민감 정보 노출을 얼마나 줄였는지, 처리 시간을 얼마나 단축했는지로 측정된다. 따라서 아웃소싱은 기술이 아니라 가치와 위험의 수치로 선택해야 한다.

2. 내재화와 외주화의 경계를 다시 설계하라

아웃소싱의 본질은 내부의 결핍된 역량을 채우는 하청이 아니다. 그것은 무엇을 반드시 내부에서 통제하고, 무엇을 외부에 맡길 것인가를 결정하는 경계 관리의 문제다. 고객 경험, 데이터, 핵심 알고리즘, 보안·신뢰 프레임 등의 통제 포인트는 반드시 내부에 보유하고 있어야 한다. 반대로 범용화된 영역은 외부의 규모의 경제를 활용하는 편이 합리적이다. 그리고 내재화와 아웃소싱의 경계는 한 번 정하면 끝나는 것이 아니다. 시장의 판도가 바뀌고 기술 곡선이 이동하며 규제가 새로 생길 때마다 경계를 지속적으로 이동시키고 재조정하는 능력, 즉 동태적 역량이 필요하다. AI 기술이 상용 서비스들의 다양한 기능을 빠르게 대체해 나가고 있는 지금, 과거에는 내부 개발이 합리적이었던 많은 영역들이 이제는 아웃소싱이 더 유리해지고 있다. 반대로 고객 신뢰와 직결되는 데이터와 정보보호, AI 평가 기준 등은 오히려 내부에서 더욱 강하게 관리해 나가야 한다.

3. 계약이 아니라 사람과 관계의 문제다

아웃소싱의 성패는 계약서 조항보다 사람과 관계를 어떻게 설계하는지에 달려 있다. 계약은 운영을 흔들지 않아야 하고, 계약과 관련한 대화는 별도의 창구로 격리되어야 하며, 현장의 협업은 목표·가설 설정과 테스트에 집중해야 한다. 수행사를 단순히 을로 취급하는 순간, 그들의 책임감과 주도성은 사라진다. 반대로 전문가로 존중하고 결과 중심의 신뢰를 구축할 때, 그들은 능동적으로 창의성을 발휘해 더 나은 해결책을 제안한다. AX 환경에서 이 원칙은 더욱 중요하다. 자동화 도구와 AI 모델은 초기에는 매끄럽게 작동하지만, 실제 운영에서는 다양한 예외와 불확실성을 맞닥뜨린다. 이때 고객사와 수행사가 서로를 동료로 신뢰하지 못하면 문제는 곧바로 갈등으로 번진다. 협력의 품질이 곧 결과의 품질이 되는 것이다.

4. 비용의 언어를 바꿔라

비용 관리는 사람의 숫자가 아니라 일의 단위와 가치로 이동해야 한다. 몇 명이 몇 시간을 일했는지가 아니라, 무엇을 어느 품질로 언제까지 달성했는지가 아웃소싱 비용의 산정 기준이 되어야 한다. 커피 한잔을 사듯 표준화된 단위와 명확한 레시피로 정산해야 한다. AX 시대의 아웃소싱에서는 단순히 응답 건수 등의 업무량만 계산하면 품질 리스크가 반영되지 않는다. 성과 지표와 신뢰 지표를 단위 비용과 함께 체계적으로 관리해야 한다. 클라우드와 구독 기반 환경에서는 금융의 포트폴리오처럼 비용을 관리하는 FinOps 운영체계가 필요하다. 비용은 단순히 정산서의 숫자가 아니라, 실시간으로 최적화되는 아웃소싱 운영체계와 밀접하게 연계되어야 한다.

5. 조직은 속도와 안정의 균형을 잡아야 한다

조직 설계는 단순히 개발과 운영을 합칠 것인가 나눌 것인가의 문제가 아니다. 서비스·제품팀은 고객과 문제에 집중하고, 플랫폼팀은 신뢰와 표준을 보장해야 한다. 권한과 책임은 함께 주어져야 하며 일부 중첩은 오히려 속도와 견제의 장치가 된다. AX 시대에는 플랫폼팀의 역할이 특히 중요하다. 모델 선택·비용 최적화·보안·기록 표준 등은 플랫폼팀이 책임지고, 최종 표현과 고객 경험은 제품팀이 주도해야 한다. 잘 설계된 하이브리드 아웃소싱 조직만이 빠른 혁신과 안정적인 운영을 동시에 달성할 수 있다.

6. 프로세스와 평가는 투명해야 한다

AX 시대의 프로세스 표준은 핵심을 중심으로 간소하게 운영하고 다양성과 자율성을 넓게 허용해야 한다. 고객사와 수행사 모두 서로 합의한 절차·기준·정책·SLA 등을 준수해야 하며, 되돌릴 수 있는 결정은 즉시 현장에서 내리게 하고 긴급 상황은 사전 합의된 패스트트랙 규칙으로 다뤄야 한다. 평가와 정산은 구성원들의 수작업 입력이 아니라, 시스템 로그와 데이터를 기반으로 측정·관리해야 한다. 그래야 데이터의 왜곡이 사라지고 아웃소싱의 현 상황에 대한 진단과 진정한 성과가 보인다.

7. 혁신은 의지가 아니라 구조다

많은 아웃소싱 조직이 혁신을 구호로 외치지만, 실제로는 기존 관행과 다양한 관리 지표에 갇혀 혁신이 좌초되곤 한다. 혁신은 의지의 문제가 아니라 구조의 문제다. 혁신의 주체와 대상을 분리하고 단계적 전환과 기술 부채 상환을 제도화해야 한다. 실패를 허용하는 예산과 혁신 기금 그리고 합의된 실험을 가로막지 않는 No-Sabotage 룰 등이 아웃소싱 조직에 내재화될 때, 혁신은 단순한 슬로건이 아니라 습관이 된다. AI 기술의 도입은 필연적으로 불확실성과 시행착오를 동반한다. 실패가 허용되지 않는 문화에서는 누구도 실험을 시도하지 않게 되고, 결국 혁신은 시작조차 되지 못한다. 반대로 실패 자체를 제도화한 조직만이 파괴적 혁신을 반복하여 실행하고 새로운 방식의 아웃소싱 체계로 전환할 수 있다.

마지막으로 모든 것은 고객으로 시작해 고객으로 끝난다

결국 아웃소싱의 모든 논의는 고객 경험으로 수렴된다. 고객의 여정을 거꾸로 설계(Working Backwards)하고, 고객이 체감하는 가치와 경험을 최우선 지표로 삼을 때만 아웃소싱은 비용 중심의 도구가 아니라 고객 가치 창출의 엔진이 된다. AX 시대의 핵심은 속도가 아니라 고객에 대한 치열하고 끈질긴 집착이다. 고객 여정에서 가장 취약한 지점을 발견하고 그 문제를 가장 빠르고 안전하게 해결할 수 있는 체계를 설계하는 것, 이것이 아웃소싱의 새로운 목적이다.

AX 시대에 기존 아웃소싱은 근본적으로 해체되고 새롭게 재구성되어야 한다. 요구 사항 정의서·고정된 범위·인력 투입·시간 단가 등 과거의 틀을 기반으로 하는 전통적인 아웃소싱은 AX 시대의 속도와 변화를 따라갈 수 없다. 우리는 아웃소싱을 인력 공급과 비용 절감의 문제로만 남겨 두고 뒤처지거나, 아웃소싱을 AX 시대의 혁신 엔진으로 재설계하고 앞서가거나, 이 두 갈래의 길에서 선택해야 한다.

아웃소싱 계약은 더 이상 마지막 단계에 도장만 찍는 지원 업무가 아니다. 조직의 변화 속도와 혁신 능력을 증폭시키는 전략적 파트너십의 구조적 해결책이다. 이 책이 독자들의 아웃소싱 조직을 파괴적으로 혁신할 때 실질적인 도움이 될 수 있는 나침반이 되기를 바란다.

AX 시대의 IT 아웃소싱

ⓒ 김영근, 2026

초판 1쇄 발행 2026년 3월 23일

지은이   김영근
펴낸이   이기봉
교정   유주희
편집   좋은땅 편집팀
펴낸곳   도서출판 좋은땅
주소   서울특별시 마포구 양화로12길 26 지월드빌딩 (서교동 395-7)
전화   02)374-8616~7
팩스   02)374-8614
이메일   gworldbook@naver.com
홈페이지   www.g-world.co.kr

ISBN   979-11-388-5498-6 (03320)